東南アジアの地形

東シナ海
日本
琉球《りゅうきゅう》諸島《しょとう》
台北《タイペイ》
(台湾《たいわん》)
高雄《カオシュン》
太平洋
南シナ海
ルソン島
フィリピン
マニラ
フィリピン諸島《しょとう》
ヴィサヤ諸島《しょとう》
セブ
ミクロネシア
マルキョク
ミンダナオ島
ダバオ
スル海
パラオ
パラオ諸島《しょとう》
セレベス海
赤道
マレー諸島《しょとう》
モルッカ海峡《かいきょう》
マカッサル海峡《かいきょう》
マルク諸島《しょとう》
セラム海
スラウェシ島
ニューギニア島
パプアニューギニア
バンダ海
フロレス海
アラフラ海
ディリ
小スンダ列島
東チモール
サブ海
チモール島
オーストラリア
チモール海
ダーウィン
アーネムランド

アジアの自然と文化③

雑穀からみる東南アジア

自然を使いこなすくふう

［タイ・ラオス・ミャンマーなど］

クリスチャン・ダニエルス＝監修　落合雪野＝著

小峰書店

もくじ

1 東南アジア大陸部の人と自然

2 焼畑《やきはた》の技術《ぎじゅつ》——山地

3 焼畑《やきはた》をめぐる暮《く》らし——山地

4 祈《いの》りと願い——山地

5 田んぼをめぐる暮《く》らし——盆《ぼん》地《ち》・平原

6 祈《いの》りと願い——盆《ぼん》地《ち》・平原

写真について、特に断《ことわ》りがないものは、著者《ちょしゃ》が撮影《さつえい》したものです。
著者《ちょしゃ》が撮影《さつえい》したもの以外の写真には、撮影地《さつえいち》の詳細《しょうさい》が不明なものもあります。そのばあいは国名だけを記しました。

1 東南アジア大陸部の人と自然

東南アジア大陸部って、どんなところ？

　世界地図を広げてみましょう。インド、中国、オーストラリアに囲まれた地域《ちいき》が、東南アジアです。東南アジアは、ユーラシア大陸とつながった陸域《りくいき》の大陸部と、海にたくさんの島がつらなる海域《かいいき》の島嶼部《とうしょぶ》からなります。

　東南アジア大陸部には、ミャンマー（ビルマ）、タイ、ラオス、ベトナム、カンボジアの5つの国があり、194万平方キロメートルの土地に約2億人が住んでいます。行ったことがありますか。ここから来た友だちはいますか。

　東南アジア大陸部は、どんなところなのでしょうか。そこに住む人々は、どのように暮《く》らしているのでしょうか。

　この本では、東南アジア大陸部の人々の暮《く》らしのようすを、自然や生き物と結びつけながらお話ししていきます。日本に住むわたしたちと同じところ、違《ちが》うところを、くらべながらたしかめていきましょう。

自然

北部の山地や盆地《ぼんち》から南部の平原にむかって、大河が流れる。

上から—山地の村（ラオス・ルアンパバーン県）

コーンの滝《たき》（ラオス・チャムパーサック県）

盆地《ぼんち》の村（タイ・メーホンソーン県）

サルウィン川河口近くの村（ミャンマー・モン州）

歴史

盆地《ぼんち》には、タイ系諸民族《けいしょみんぞく》の王国が生まれた。

平原に成立した王朝は、

現在《げんざい》の国々の基礎《きそ》となった。

上から—スコータイ遺跡《いせき》（タイ・スコータイ県）

王宮博物館（ラオス・ルアンパバーン市）

パガンの遺跡群《いせきぐん》（ミャンマー・マンダレー管区）

人

さまざまな民族集団が暮《く》らし、
数多くの言葉が話されている。

上から―
女性《じょせい》(ラオス・ルアンナムター県)
家族(ミャンマー・マンダレー管区)
小学生(ベトナム・ハノイ近郊《きんこう》)
小学生(ラオス・ルアンナムター県)
親子(ベトナム・ソンラー省)

街

東南アジア大陸部と日本との間を
行ききする人の数は、
ますます増えている。

上から―シュエダゴン・パゴダ
(ミャンマー・ヤンゴン市)
市場のにぎわい(タイ・チェンマイ県)
凱旋門《がいせんもん》(ラオス・ヴィエンチャン市)

雨季《うき》と乾季《かんき》があるところ

［東南アジア大陸部の地形］

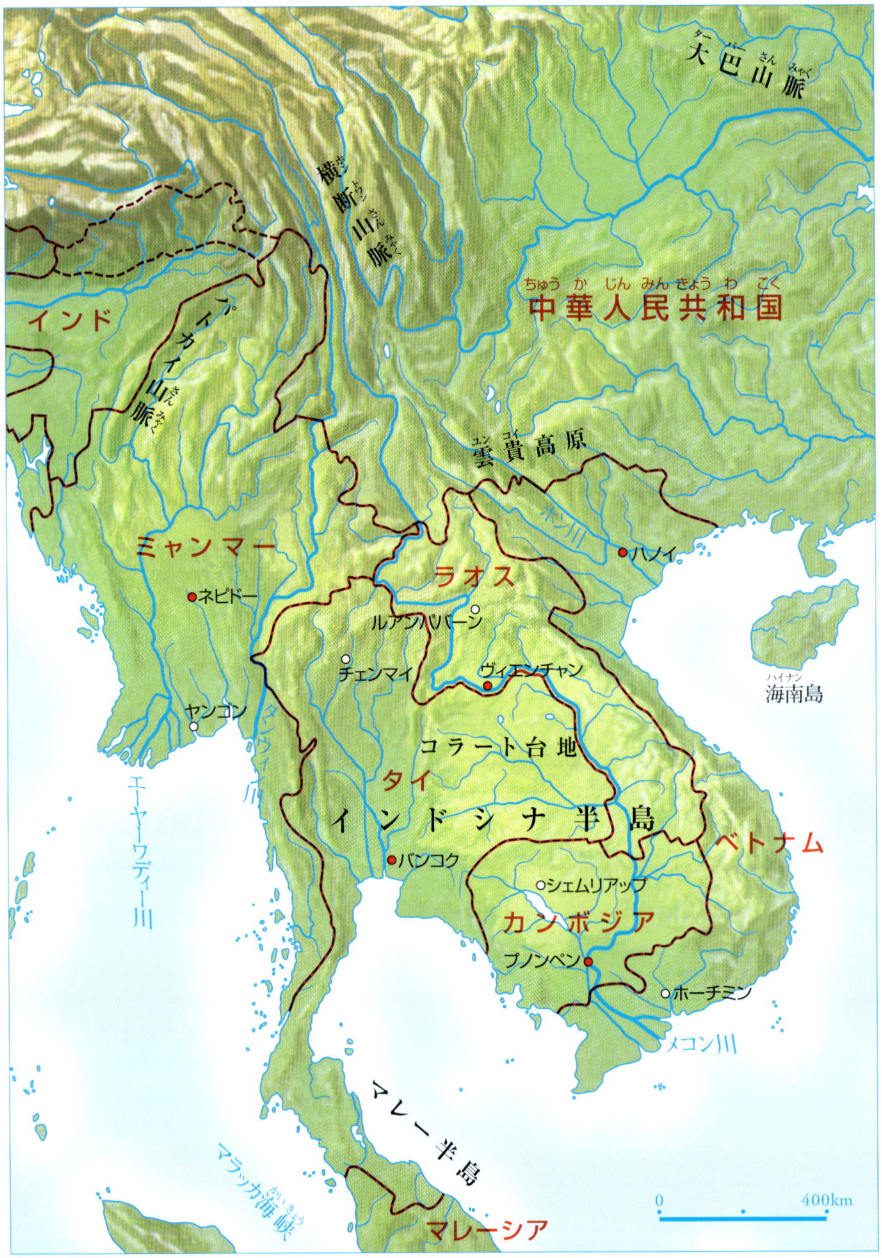

［ヤンゴンとヴィエンチャンの気温と降水量《こうすいりょう》］

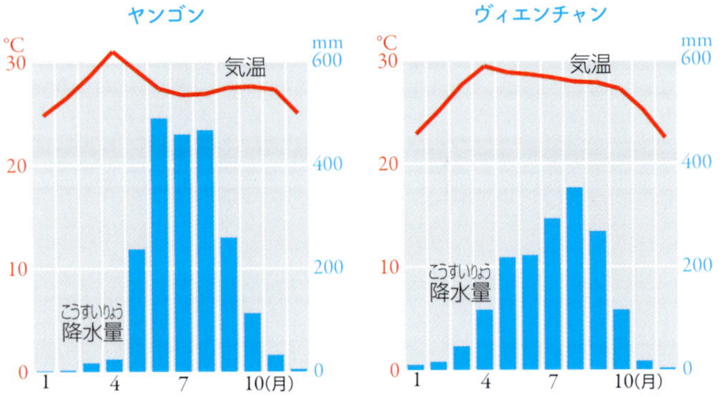

ヤンゴンはミャンマー最大の都市、ヴィエンチャンはラオスの首都である。どちらの街でも、気温は20度から30度、雨は5月から10月ごろにまとまって降《ふ》る。

最初に、自然環境《かんきょう》を見てみましょう。

東南アジア大陸部の地形は、おおまかに、北部の山地や盆地《ぼんち》と、中部から南部の平原に分かれます。北部の山地には標高1000～2000メートルのなだらかな山々がつらなっていて、その間に点々と盆地《ぼんち》があります。山地から流れ出たエーヤーワディー川、タンウィン川、メコン川、ホン川といった大河は平原を流れ下り、海に接《せっ》するところでは川に土がたまって、デルタとなります。

東南アジア大陸部の気候は、季節によって雨の降《ふ》り方が大きく変わることに特徴《とくちょう》があります。5月から10月が雨季《うき》で、とくに9月と10月に集中的に雨が降《ふ》りますが、11月から4月の乾季《かんき》にはほとんど雨が降《ふ》りません。年間の平均《へいきん》気温は27度くらいで、3月や4月の日中は40度をこえる暑さになります。

世界的にみても気温が高く、雨の多い東南アジアにはたくさんの種類の植物が生え、植物は集まって森林を形づくります。森林の樹木《じゅもく》の中には、30メートルの高さにまで育つものもあります。また森林は、ほ乳類《にゅうるい》、は虫類、鳥類、昆虫《こんちゅう》など、さまざまな動物のすみかになります。

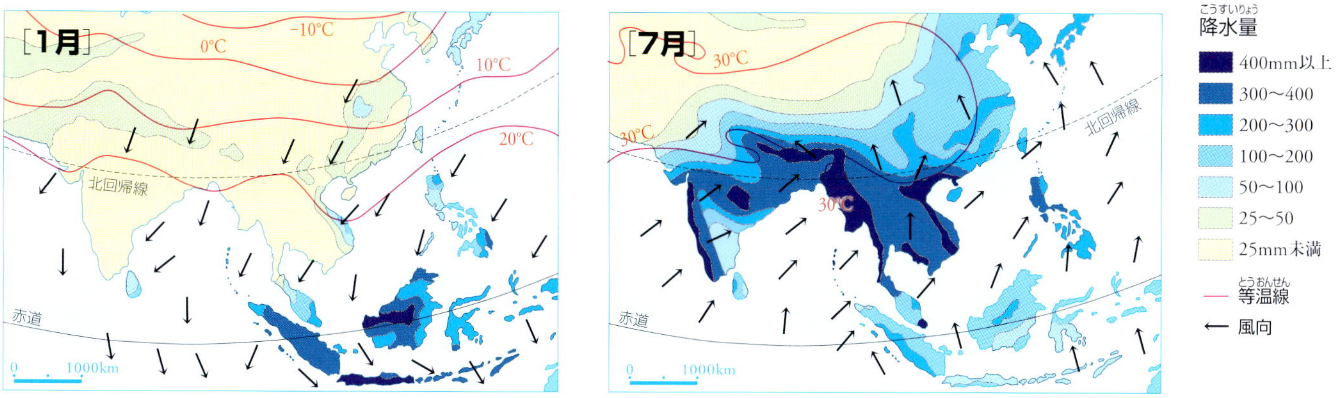

[東南アジア周辺の気候(1月、7月)]

1月には、ユーラシア大陸から赤道にむかって北東の風が吹《ふ》く。このために雨は少ない。
7月には、ぎゃくに、赤道からユーラシア大陸にむかって南西の風が吹《ふ》く。この風が雨をもたらす。

山地から平原へ

左上から—山地の風景(ラオス・ポンサーリー県)。
なだらかな山の斜面《しゃめん》に森林が広がり、
その中で焼畑《やきはた》(14ページを見よう)が行われる。
写真の真ん中に見えるパーク川は、
やがてメコン川と合流する。
川の交通(ラオス・ポンサーリー県)。ラオス北部を流れるウー川。
人やものを運ぶ船が、川沿いの村と村をつないでいる。
平原の田んぼ(タイ・サコンナコーン県)。雨季にはイネにおおわれていた
田んぼも、稲刈《いねか》りの終わった乾季《かんき》には、乾《かわ》いた地面が広がっている。
右上から—メコン川(中国・雲南《ユンナン》省)。中国南部のチベット高原から流れ出た
メコン川は、ラオス、タイ、ベトナム、カンボジアの6つの国を流れ下り、
最後にベトナムのデルタから海に出る。長さは全部で6500キロメートル、
1年間に6000億トンの水が流れる。
盆地《ぼんち》の風景(タイ・メーホンソーン県)。山に囲まれた盆地《ぼんち》のようす。
東南アジア大陸部には、いくつもの盆地《ぼんち》がある。
盆地《ぼんち》の中にある小さな平地に、人々は村や街、田んぼを作ってきた。

左上から—森林(ラオス・カムアン県)。
ラオス東部のアンナン山脈《さんみゃく》に広がる森林。
ラオスの国土面積の70パーセントは森林である。
シカ(ミャンマー・ヤンゴン市)
ヤモリ(タイ・ヤソートン県)
東南アジア大陸部には、たくさんの種類の動物がすみついている。
ラオスでは、最近、ほ乳類《にゅうるい》の新種、ウシのなかまのサオラーや
ネズミのなかまのカニョウが見つかった。
右上から—アジアゾウ(タイ・チェンマイ県)
フタバガキのなかまの大木(ミャンマー・シャン州)。
木材として利用されることの多い樹木《じゅもく》。2枚の羽根がついた
カキのような果実をつけるので、この名前がつけられた。

さまざまな生き物

民族と言葉

東南アジア大陸部には、数多くの民族集団《みんぞくしゅうだん》が住んでいます。民族集団とは、共通の言葉や文化、社会のしくみをもつ人々のグループのことです。

たとえば、ラオスでは49、ベトナムでは54の民族集団がみとめられています。また、同じ民族集団が、いくつかの国に分かれて住んでいることもあります。たとえば、カレン人はミャンマーとタイの両方に住んでいます。ひとつの国の中でそれぞれの民族集団の人口をくらべた時、より人口の少ない民族集団のことを少数民族と呼《よ》ぶことがあります。

民族集団が多いことは、それだけ、たくさんの言葉が使われていることになります。東南アジア大陸部の山地だけでも、タイ諸語《しょご》、チベット・ビルマ諸語《しょご》、モン・クメール諸語《しょご》、カレン諸語《しょご》、ミャオ・ヤオ諸語《しょご》、漢語《かんご》の6つのグループの言葉を話す人々がいます。

このため、ふだんは自分の民族集団の言葉で家族と会話するかたわら、その国の共通語の読み書きを学校で勉強し、仕事のために他の民族集団の言葉を話すなど、ひとりの人がいくつかの言葉を使いこなすのもめずらしくありません。

上―みんな集まれ(ラオス・ルアンナムター県)。
この地域《ちいき》に暮《く》らす民族集団の姿《すがた》が描《えが》かれた看板《かんばん》。
すべての住民が健康診断《しんだん》を受けるように、呼《よ》びかけている。
下―ピンダヤーの市場(ミャンマー・シャン州)。
ミャンマー全体では、ビルマ人が人口の70パーセントを占《し》めるが、
シャン州南部のこの地域《ちいき》には、パオ人、ダヌ人、
シャン人などが多く暮《く》らしている。

いろいろな民族

タイの民族集団（綾部1995を改変）

タイ語グループ（83％）	シャム、イサーン、コンムアン、南タイ、タイ・ムスリムなど
アウストロ・アジア語系《ごけい》グループ（2.2％）	モン、クメール、クイ
マレー系《けい》（3％）	
移民《いみん》グループ（10.8％）	華人《かじん》、ベトナム人、インド人など
山地民（1％）	カレン、モン、ミエン、アカ、ラフ、リス、ラワ、スィン、カムー

ラオスの民族集団（安井2003を改変）

タイ語族（8民族）	ラオ、プー・タイ、タイ、タイ・ヌア、ルーなど。
モーン・クメール語族（32民族）	クム（カムー）、カターン、マコーン、スウェイ、ユルなど
モン・ミエン語族（2民族）	モン（フモン）、イウ・ミエン
チベット・ビルマ語族（7民族）	アカ、シンシリ、ラフー、シーラー、ロロなど

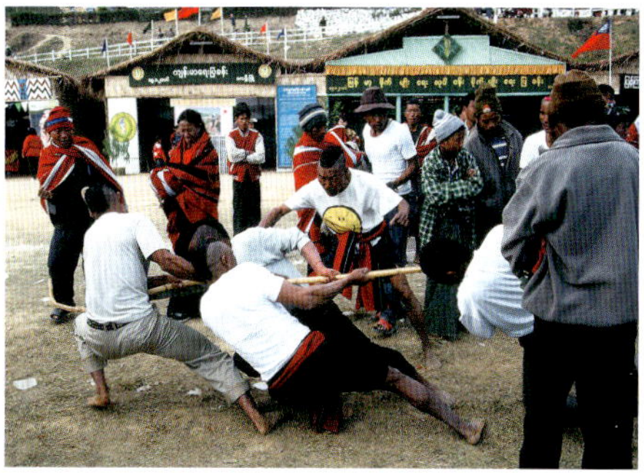

たくさんの言葉

上─村の小学校（ミャンマー・バゴー管区）。
ふだんはカレン語を話すカレン人の子どもたち。
学校ではビルマ語を勉強する。
下─寺院の看板《かんばん》（ミャンマー・シャン州）。いろいろな言葉を使う人がいるから、看板《かんばん》もいろいろな文字で書いておく。上から、クン語、ビルマ語、アルファベット、タイ語で書いてある。

国境《こっきょう》の少数民族

上─歓迎《かんげい》の式典（ミャンマー・チン州）。
あざやかな色の民族衣装《いしょう》を着て、政府《せいふ》要人を出迎《でむか》えるチン人の子どもたち。
チン人は、ミャンマー、インド、バングラデシュに分かれて住んでいる。
中─つな引き大会（ミャンマー・ザガイン管区）。
インドとの国境《こっきょう》近くの山地に住むナガ人が、新年の祭りのために集まった。
村ごとにチームを作って、つな引きで力くらべをしている。
下─村にようこそ（タイ・チェンライ県）。
ミャンマーとの国境《こっきょう》に近い山地の村で観光客にお土産《みやげ》を売るアカ人の女性《じょせい》。
民族衣装《いしょう》を見せることも、仕事のひとつ。

山地、盆地《ぼんち》、平原の農業

　東南アジア大陸部の人々の暮《く》らしは、これまでおもに農業によって支《ささ》えられてきました。山地と盆地《ぼんち》や平原では、地形や気候が違《ちが》うので、人々はそれぞれ異《こと》なったやり方で農業を行っています。

　東南アジア大陸部の人々が、現在《げんざい》、主食としている作物はイネです。そこでイネをとりあげてみると、北部の盆地《ぼんち》や南部の平原では、田んぼに水をはって、土の中の水分の多い場所で生育するイネのなかま、水稲《すいとう》が栽培《さいばい》されます。これは、日本の田んぼと同じです。

　ところが、イネのなかまには、土の中の水分が少ない場所でも作ることのできるものがあります。これを陸稲《りくとう》といいます。北部の山地では、陸稲《りくとう》を田んぼではなく、畑で栽培《さいばい》しています。しかも、この畑は焼畑《やきはた》という特別な方法でつくられたもので(14ページを見よう)、陸稲《りくとう》といっしょにアワ、シコクビエ、ハトムギ、モロコシといった雑穀《ざっこく》もいっしょに植えられてきました。

　この本では、山地に住む人々、盆地《ぼんち》や平原に住む人々について、それぞれの農業や暮《く》らしをみていきたいと思います。

上—イネ(タイ・チェンライ県)。東南アジア大陸部に住む人々の主食として、現在《げんざい》、もっとも重要な穀類《こくるい》。タイだけで、年間2000万トン以上が生産される。

右上—盆地《ぼんち》の田んぼ(ラオス・ルアンナムター県)。盆地《ぼんち》の田んぼでイネを栽培《さいばい》するようす。水路に沿《そ》って、小さな田んぼがならんでいる。田んぼの中の小さな小屋では、農作業の間にお昼ごはんを食べたり、雨宿りをしたりする。

右—盆地《ぼんち》の村(ラオス・ルアンナムター県)。ムアン・シンの盆地《ぼんち》のようす。盆地《ぼんち》の中の村にタイ・ダムやタイ・カオ、盆地《ぼんち》のまわりの村にアカ、ミエンなど、たくさんの民族集団が暮《く》らしている。

田んぼで水稲《すいとう》を栽培《さいばい》する

左端《ひだりはし》—平原の田んぼ(ミャンマー・モン州)。サルウィン川の河口近くの村では、豊富《ほうふ》な水を利用して、大規模《だいきぼ》な稲作《いなさく》がいとなまれている。

左—稲刈《いねか》り(ラオス・サヴァンナケート県)。ラオ人の女性《じょせい》が水稲《すいとう》を収穫《しゅうかく》するようす。暑い日差しをよけるために笠《かさ》をかぶり、刃の先がまがった鎌《かま》を使っている。

焼畑《やきはた》で陸稲《りくとう》を栽培《さいばい》する

上—山地の焼畑《やきはた》(タイ・メーホンソーン県)。
山地の焼畑で陸稲《りくとう》を栽培《さいばい》するようす。焼畑では、田んぼのように水路を使って水をひくことはない。水分は、雨がたよりだ。
右上—稲刈《いねか》り(タイ・メーホンソーン県)。カレン人の女性《じょせい》が陸稲《りくとう》を収穫《しゅうかく》するようす。刃のまっすぐな鎌《かま》を使っている。

焼畑《やきはた》で雑穀《ざっこく》を栽培《さいばい》する

右—山地の村(ミャンマー・チン州)。
標高1000メートルの尾根に家がならぶチン人の村のようす。人々はまわりの山に出かけて焼畑《やきはた》をつくり、陸稲《りくとう》やアワ、シコクビエ、ハトムギを栽培《さいばい》してきた。
下左—アワ(ラオス・ホアパン県)。
アワは、陸稲《りくとう》といっしょに焼畑で栽培《さいばい》される作物のひとつ。タイ・ダム人の男性《だんせい》が村の畑でとれた長いアワの穂《ほ》を見せてくれた。おこわに蒸《む》して食べるという。
下右—ハトムギ(ラオス・セーコーン県)。
ハトムギは、陸稲《りくとう》といっしょに焼畑で栽培《さいばい》される作物のひとつ。また、庭の畑に植えることもある。

2 焼《やき》畑《はた》の技《ぎ》術《じゅつ》—山地

作物のなりたち

人類は、いまから500万年ほど前に地球上に誕生《たんじょう》してからずっと、野生植物を集めたり、野生動物をつかまえたりして暮《く》らしてきました。これを、狩猟採集《しゅりょうさいしゅう》の生活といいます。

そして1万年くらい前に、野生植物を作物に、野生動物を家畜《かちく》につくりかえて、農業を始めました。

作物には、穀類《こくるい》やイモ類、マメ類、野菜、果物など食べ物になるグループのほかに、油や砂糖《さとう》をとるもの、飲み物になるもの、観賞して楽しむものなど、多くの種類があります。また、同じ作物でも、場所によって、人によって、栽培《さいばい》や利用の方法に違《ちが》いがあります。

作物のひとつである穀類《こくるい》は、世界に33種類があり、熱や力になるものとして利用されています。そのうち、現在《げんざい》とくに食料として重要なのが、イネ、トウモロコシ、パンコムギの3種類です。

ところが、世界各地の農業のようすをみてみると、この3種類ほどたくさんはつくっていないけれど、昔から大切に栽培《さいばい》されてきた穀類《こくるい》が数多くあることがわかりました。それが「雑穀《ざっこく》」です。

野生植物と作物

野生のイネ（ラオス・サヴァンナケート県）
野生のイネの特徴《とくちょう》は、種子がみのると、ひとりでに穂《ほ》からはずれて、地面に落ちること。このようにして親の植物から離《はな》れ、子孫をふやしていく。

作物のイネ（タイ・チェンライ県）
作物のイネの特徴《とくちょう》は、種子がみのっても、穂《ほ》からはずれないこと。種子がかってに穂《は》からはずれてしまっては、米の収穫《しゅうかく》ができなくて、人にとって都合《つごう》が悪い。だから、種子がはずれない性質《せいしつ》に改良して、作物のイネができあがった。ただし、作物のイネは自分で子孫をふやすことができない。かわりに、人がイネを田んぼや焼畑《やきはた》で栽培《さいばい》して、子孫をふやしてやる。

家畜《かちく》の種類

東南アジア大陸部で飼《か》われている家畜《かちく》を紹介《しょうかい》しよう。

ウシ（タイ・メーホンソーン県）

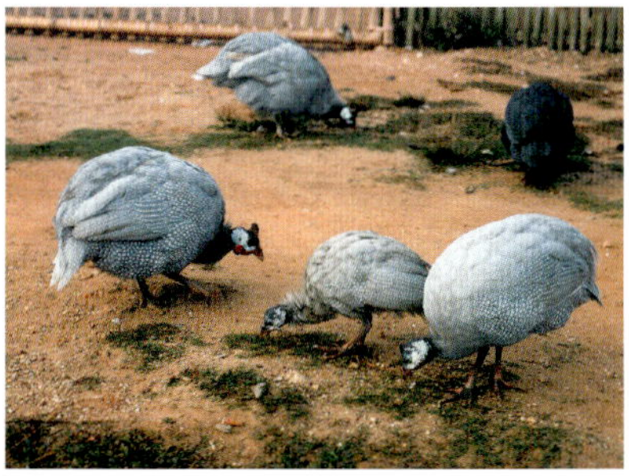

シチメンチョウ（ラオス・シェンクワン県）

スイギュウ（ラオス・ポンサーリー県）

作物の種類

東南アジア大陸部で栽培《さいばい》されている作物を紹介《しょうかい》しよう。

[穀類《こくるい》]熱や力をえるために、実(種子)が利用されるイネ科の植物。

トウモロコシ(ラオス・ヴィエンチャン市)

パンコムギ(ミャンマー・シャン州)

モロコシ(ラオス・ホアパン県)

アワ(ラオス・ルアンナムター県)

[イモ類]熱や力をえるために、土の中の根や茎《くき》が利用される植物。

サトイモ(ミャンマー・シャン州)

[マメ類]タンパク質《しつ》や脂肪《しぼう》をとるために、実が利用されるマメ科の植物。

インゲンマメ(タイ・チェンマイ県)

[野菜]ビタミン類をとるために、根、茎《くき》、葉、花などが利用される草。

ネギ(タイ・チェンマイ県)

[果物]ビタミン類をとるために、実が利用される樹木《じゅもく》。

ドリアン(タイ・ラノン県)

[油料植物《ゆりょう》]油をえるために、おもに実や種が利用される植物。

ヒマワリ(タイ・チェンマイ県)

[糖料《とうりょう》植物]砂糖《さとう》をえるために利用される植物。

サトウキビ(ラオス・ルアンナムター県)

[飲用植物]葉や実を加工して、飲み物を作る植物。

コーヒー(タイ・チェンマイ県)

[観賞用植物]土に植えたり、花びんにいけたりして、見て楽しむ植物。

ラン(タイ・チェンマイ県)

焼《やき》畑《はた》＝畑＋森林

雑穀《ざっこく》や雑穀《ざっこく》が栽培《さいばい》される焼畑《やきはた》について、その特徴《とくちょう》をたしかめておきましょう。

人が作物を栽培《さいばい》するときには、田んぼや畑のような特別な場所を用意します。土を耕《たがや》し、肥料《ひりょう》を入れ、雑草《ざっそう》を抜《ぬ》いて、作物が育ちやすい環境《かんきょう》をととのえてやるのです。

ほとんどの場合、田んぼや畑はずっと同じ場所にあって、毎年作物の栽培《さいばい》に使われます。ところが、東南アジア大陸部の山地には、長くて数年間、短ければたった1年間しか畑を使わない農業のやり方があります。これが焼畑です。

焼畑の畑を、栽培《さいばい》をやめてほうっておくと、自然に草や木がしげり、やがてもとのような森林へもどっていきます。10年ほどしたら、また森林を畑に変えて、作物を栽培《さいばい》するのです。

森林を切り開くことがあるため、焼畑が森林破壊《はかい》の原因《げんいん》だと思われることもありますが、じつはそうではありません。森林がないと困るのは、焼畑をしている地元の人々です。これは、畑で作物をつくるかたわら、森林で野生植物を集めたり、野生動物をつかまえたりして、人々が生活してきたためです。つまり、焼畑とは、畑と森林のサイクルをくり返しながら、その両方を使い続ける技術《ぎじゅつ》なのです。

田んぼと畑 農業をする場所

田んぼ（ミャンマー・カチン州）。田んぼは水稲《すいとう》を栽培《さいばい》する場所。水稲《すいとう》を育てるためにはたくさんの水がいるから、あぜを作って水をためておく。いったん田んぼを作ったら、毎年続けて、水稲《すいとう》を栽培《さいばい》する。

畑（ミャンマー・カチン州）。畑は、イモ類やマメ類、野菜、果物など、いろいろな作物を栽培《さいばい》する場所。いったん畑を作ったら、土の耕《たがや》し方や肥料《ひりょう》の入れ方をくふうしながら、毎年続けて、作物を栽培《さいばい》する。

［焼畑のサイクル］

森林 ― 畑 ― 1年目 草がおもに生えている ― 2年目 草の間から若い木がでてくる ― 3年目 草の間の木がふえて、のびる ―

焼畑《やきはた》
農業と狩猟採集《しゅりょうさいしゅう》をする場所

上―焼畑《やきはた》の畑(ラオス・ポンサーリー県)。焼畑の畑は、穀類《こくるい》やイモ類、野菜などいろいろな作物を栽培《さいばい》する場所。
畑を作った後、1年間から数年間だけしか使わない。

右上―焼畑の森林(ラオス・ポンサーリー県)。焼畑の畑を、栽培《さいばい》をやめてほうっておくと、
やがて、もとのような森林へもどる。森林は、野生植物を集めたり、野生動物をつかまえたりする場所である。

右―マルカミアの花(ラオス・ポンサーリー県)。森林に生えるノウゼンカズラのなかまの
樹木《じゅもく》。アサガオくらいの大きさのクリーム色の花がさく。この花を集めてきて、生のまま食べる。

右下―タケネズミ(ラオス・ポンサーリー県)。森林の地面に穴《あな》を掘《ほ》ってすみつくネズミのなかまの動物。長さ30センチほどの体に
灰色《はいいろ》の毛が生えていて、前歯が長い。この動物をつかまえてきて、肉を食べる。

下―焼畑の土地(ラオス・ポンサーリー県)。山の上から、村の範囲《はんい》をながめたところ。焼畑の畑やさまざまな年数の休閑地《きゅうかんち》(16ページを見よう)、森林がちらばっている。今年森林の土地は、来年は畑になるかもしれない。毎年、土地のようすが変わってゆき、その変化の中で人々が暮《く》らしている。

森林から畑へ 畑から森林へ

4年目	5年目	6年目	7年目	8年目	9年目	10年目
木におおわれる	木がさらにのびる	森林(木の間にすきまがある)	森林(木の間のすきまがへる)	森林	森林	森林

焼《やき》畑《はた》のしくみ

焼畑のしくみを、ミャンマー中部のカレン人の村を例にみてみましょう。

まず、村の人たちで相談して、森林の中に、家族ごとに畑にする場所を決めます。場所が決まったら、そこに生えている木や竹を切り倒《たお》したり、焼き払《はら》ったりして、畑を作ります。この畑では、1年間だけ作物を栽培《さいばい》します。

そのあと、栽培《さいばい》をやめて畑を休ませます。このような場所を休閑地《きゅうかんち》といいます。休閑地《きゅうかんち》では、土の中に埋《う》もれていた種が芽を出したり、木の切り株《かぶ》から枝《えだ》がのびたりして、草や木が生えはじめます。こうして、休《きゅう》閑地《かんち》はしだいに森林にもどってゆきます。

休閑地《きゅうかんち》で人々は、暮《く》らしに必要な野生植物を集めたり、野生動物をつかまえたりします。そして、10年ほどたったら、ふたたび森林を畑にかえます。このような手順をくりかえしながら、人々は森林と畑の両方を活用してきたのです。

焼畑は、それぞれの土地でやり方をかえながら、東南アジアだけでなく、アフリカやヨーロッパ、日本でも行われてきました。

カレン人の村の焼《やき》畑《はた》

⑤休閑地《きゅうかんち》

木や竹でおおわれた休閑地《きゅうかんち》のようす。村の人々は、このような場所で野生植物を集め、食べ物や薬、たきぎ、建材として利用してきた。村の人は、写真の小さな道を歩いて、森林や畑の仕事にでかけたり、水をくんだりする。

④畑に小屋を建てる

村から歩いて2、3時間かかる場所に、畑を開くこともある。そのため、畑に小屋を建てておき、そこに泊《と》まりこんで作業することが多い。この小屋の前では、収穫《しゅうかく》した真っ赤なトウガラシを広げて、干《ほ》している。

①森林
カレン人の村は、バゴー山地の森林の中にある。チーク(24ページを見よう)の植林なども行われている。

②-1森林を切り開く
森林に畑を開くとき、生えている木に直接《ちょくせつ》火をつけるわけではない。木をいったん切り倒《たお》してから燃《も》やす。また、まわりの森林が火事にならないよう、畑のまわりを2、3メートルの幅《はば》で草や木を取りのぞき、防火帯《ぼうかたい》を作っておく。

②-2木を切る
木を切るときには、幹《みき》の上の方に切り目を入れ、地面に切り株《かぶ》を残しておく。こうすると、切り株《かぶ》から枝《えだ》がのびてきて、もとどおりの木にはやく育つ。

②-3竹を切る
休閑地《きゅうかんち》には、木だけではなく、竹が生えることも多い。竹も、茎《くき》の上の方で切り倒《たお》し、株《かぶ》を残しておく。

③畑で栽培《さいばい》する
陸稲《りくとう》を栽培《さいばい》する斜面《しゃめん》の畑のようす。陸稲《りくとう》の間には、アワ、モロコシ、ヤムイモ、カボチャ、キュウリ、ナス、トマトなどをつくっている。すでに、枝《えだ》がのびはじめている木の切り株《かぶ》もある。

日本の焼畑《やきはた》

中部山地の焼畑(静岡県静岡市)。大井川《おおいがわ》上流の井川《いかわ》は山の多い地域《ちいき》である。かつて、井川《いかわ》では焼畑が行われ、アワやヒエ、シコクビエが栽培《さいばい》されていた。夜、山で火を燃《も》やすようすが、村からも見えたという。また、森林ではイノシシをつかまえたり、ハチミツを集めたりしてきた。

雑《ざっ》穀《こく》って、なに？

山地の人々は、焼畑《やきはた》の畑にアワ、シコクビエ、ハトムギ、モロコシといった穀類《こくるい》を、陸稲《りくとう》といっしょに植えておきます。このような穀類《こくるい》のことを、日本では「雑穀《ざっこく》」と呼《よ》びます。

人々は、雑穀《ざっこく》の穂《ほ》にみのった実を料理して食べます。雑穀《ざっこく》の実はたいへん小さいのですが、土壌《どじょう》や気候の条件《じょうけん》があまりよくない土地でも、安定して収穫《しゅうかく》できるというよさがあります。このため、東南アジアだけでなく、東アジアや南アジア、アフリカなどでも、雑《ざっ》穀《こく》が栽培《さいばい》されてきました。

山地の人々は、アワやシコクビエ、ハトムギ、モロコシでご飯を炊《た》いたり、お菓子《かし》やお酒を作ったりします。すると、独特《どくとく》の味や香《かお》りがして、おいしいのだそうです。また、お祭りのとき、神様にさしあげる食べ物を雑穀《ざっこく》で作るのだという人もいます。

最近では陸稲《りくとう》が食料として重要になったため、雑穀《ざっこく》の栽培《さいばい》は減《へ》ってきました。しかし、雑穀《ざっこく》ひとつひとつが持っている作物としての特徴《とくちょう》や味わい、行事との結びつきを大切にして、ねばり強く作り続けている人もいるのです。

アワ

上から―アワの栽培《さいばい》(ミャンマー・バゴー管区)。
アワは中央アジアからインド付近原産の穀類《こくるい》。
実が黄色のものが多いが、まれに灰色《はいいろ》や
オレンジ色のものもある。デンプンにウルチ性《せい》と
モチ性《せい》(38ページを見よう)の両方のタイプがある。
ご飯を炊《た》いたり、おこわに蒸《む》したりして
主食にするほか、お菓子《かし》を作ることもある。
アワの穂《ほ》を干《ほ》す(ラオス・ルアンナムター県)。
アカ人の家の軒先《のきさき》のようす。収穫《しゅうかく》したアワの穂《ほ》は、
日に干《ほ》してじゅうぶんに乾燥《かんそう》させてから、
しまっておく。こうすると長い間、保存《ほぞん》できる。

ハトムギ

上から―ハトムギの穂《ほ》(タイ・チェンライ県)。
ハトムギは、東南アジア原産の穀類《こくるい》。
日本では、お菓子《かし》や飲み物、漢方薬や化粧品《けしょうひん》の
原料としても使われる。
ハトムギの収穫《しゅうかく》(ミャンマー・チン州)。
焼畑《やきはた》の畑で、ハトムギを収穫《しゅうかく》するチン人の女性《じょせい》。
かつて、戦争や狩《か》りのために長い間家をあけるとき、
チンの人々は携帯《けいたい》食料として
ハトムギを持ってでかけた。

シコクビエ

上から―シコクビエの穂《ほ》(タイ・チェンライ県)。
シコクビエはアフリカ原産の穀類《こくるい》。
穂《ほ》が手のひらと指のような形に見えることから、
英語ではフィンガーミレットという。
デンプンがウルチ性《せい》のタイプしかない。
食べ物にするほか、お酒の材料として好まれている。
シコクビエの収穫《しゅうかく》(ラオス・セーコーン県)。
タリアン人の男性《だんせい》。朝、畑で収穫《しゅうかく》したばかりの
シコクビエを、背負《せお》いかごに入れて運んでいるようす。

モロコシ

上から—モロコシ(タイ・チェンライ県)。
アフリカ原産の穀類《こくるい》。デンプンにウルチ性《せい》とモチ性《せい》の両方のタイプがある。ご飯を炊《た》いたり、おこわに蒸《む》したりして主食にするほか、お菓子《かし》を作ることもある。穂《ほ》がこまかく枝分《えだわ》かれする品種は、ほうきを作るのに使われる。

モロコシの品種①(ラオス・ホアパン県)。
実を包む殻《から》が赤く、穂《ほ》が長くのびる品種。酒を作るために利用されていた。

モロコシの品種②(ラオス・ホアパン県)。
実を包む殻《から》が白く、穂《ほ》がコンパクトにまとまる品種。

【日本の雑穀《ざっこく》】

日本では、縄文《じょうもん》時代から、山地の焼畑《やきはた》や平地の畑で雑穀《ざっこく》や陸稲《りくとう》が栽培され、人々の暮《く》らしに役立てられてきました。日本でつくられる雑穀《ざっこく》は全部で6種類、東南アジア大陸部と同じアワ、シコクビエ、ハトムギ、モロコシ、そのほかにキビとヒエです。

西日本の山地や東日本の山地や平地では、作物を栽培《さいばい》できる温かい期間が短く、すぐに寒くなったり、雪が積もってしまったりします。沖縄の島々では、土壌《どじょう》がやせていたり、台風が来たりします。そういう場所でも、雑穀《ざっこく》はじゅうぶんに栽培《さいばい》ができます。また、収穫《しゅうかく》した後、穂《ほ》や実を乾燥《かんそう》させておけば、長い年月にわたってしまっておけるので、食料が足りなくなったときの備《そな》えにもなりました。

上—ソバ(宮崎県椎葉村《しいばそん》)。
日本の焼畑では、雑穀《ざっこく》だけでなく、ソバも重要な食料であった。

左上から—ヒエ(岩手県九戸村《くのへむら》)。
日本原産の雑穀《ざっこく》。とくに寒さに強いのが特徴《とくちょう》で、北海道や東北の平地、西日本の山地で広くつくられていた。

キビ(静岡県静岡市)。
中央アジアからインド付近原産の穀類《こくるい》。ヨーロッパ、中国、朝鮮半島、日本で栽培《さいばい》されている。

アワの穂《ほ》(沖縄県竹富町《たけとみちょう》)。
刈《か》り取った穂《ほ》をまとめて、乾燥《かんそう》させているようす。

アワでお供《そな》え(静岡県静岡市)。
神社のお供《そな》えを作る男性《だんせい》。神様専用《せんよう》のアワの品種が用いられる。

きびもち(静岡県静岡市)。
モチ性《せい》キビの実で作ったお菓子《かし》。ぼたもちのような食感。

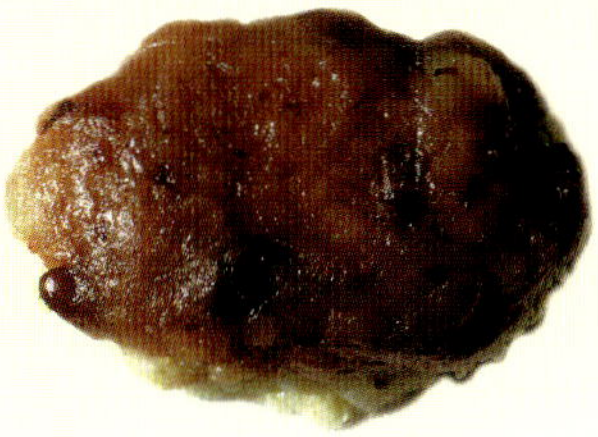

焼《やき》畑《はた》の畑の役《やく》割《わり》

焼畑《やきはた》の畑の作物は、陸稲《りくとう》や雑穀《ざっこく》だけではありません。種類や使いみちの異《こと》なる作物を、少しずつ植えておきます。これが、山地の農業の特徴《とくちょう》のひとつです。

では、どのような作物があるのか、順番にみていきましょう。陸稲《りくとう》や雑穀《ざっこく》と同じく、熱や力のもとになる作物には、トウモロコシ、ソバ、センニンコク、サトイモ、ヤマノイモ、サツマイモなどがあります。ササゲなどのマメ類、キュウリやカボチャ、ナスやトマトなどは、ごはんのおかずになります。

料理にうまみや香《かお》り、辛《から》さなどを加えておいしさを引き立たせるためには、ゴマやエゴマなどの油料植《ゆりょう》物(13ページを見よう)、トウガラシやレモングラスなどの香辛料《こうしんりょう》が欠かせません。

さらに、収穫《しゅうかく》が終わったあとの畑でウシやブタを放牧しておけば、あとで肉を食べることができます。また、畑に生える雑草《ざっそう》をおかずにしたり、けがや病気になったときの薬にしたりすることもあります。

このように焼畑の畑は、暮《く》らしに必要な作物を栽培《さいばい》し、家畜《かちく》を育てる役割《やくわり》をはたしているのです。

焼畑《やきはた》の畑①(ラオス・ポンサーリー県)。陸稲《りくとう》の中に、キャッサバというイモ類やバナナが植えてある。陸稲《りくとう》は、種をばらまいて栽培《さいばい》を始める。キャッサバやバナナは、間隔《かんかく》をおいて、茎《くき》を植えつける。

焼畑の畑②(タイ・チェンライ県)。陸稲《りくとう》を刈《か》り取った後の畑のようす。アワ、パパイヤ、カボチャなどがところどころに残っていた。三角屋根の小屋は、休憩《きゅうけい》や雨宿りのために建てたもので、中には小さな台所もある。

いろいろな作物を いっしょに植える

熱や力のもとになる

上左から下に―トウモロコシ(タイ・チェンライ県)。
中央アメリカ原産の穀類《こくるい》。
人間の食糧《しょくりょう》としてだけでなく、家畜《かちく》のえさとしても利用される。

サトイモ(ラオス・ポンサーリー県)。東南アジア原産のイモ類。
地下のイモを食べるほか、茎《くき》を野菜として利用することがある。

右上―センニンコク(ベトナム・ラオカイ省)。南アメリカ原産の作物。
雑穀《ざっこく》と同じように、穂《ほ》についた小さな実を食べる。日本では、岩手県などで栽培《さいばい》され、健康食品として利用される。アマランサスと呼《よ》ばれることもある。

ウシの放牧(ラオス・ポンサーリー県)。
稲刈《いねか》りを終えた後の畑に放され、
陸稲《りくとう》の茎《くき》を食べるウシのようす。
飼《か》い主はときどき
塩をあたえながら、
群《む》れのようすをたしかめる。
儀式《ぎしき》などのときに殺して食べたり、
お金が必要なときに
売り払《はら》ったりする。

家畜《かちく》を飼《か》う

下左から―エゴマ(タイ・チェンマイ県)。シソのなかまの作物。種子に油分が含《ふく》まれるため、油をしぼったり、炒《い》ってあえものを作ったりする。葉を野菜として利用することもある。

ナス(タイ・チェンライ県)。インド原産の野菜。
写真のナスは実が白いが、東南アジアでは、果実の形や大きさ、色が多様なナスが栽培《さいばい》される。

レモングラス(ラオス・ポンサーリー県)。レモンのような香《かお》りのする油が葉に含《ふく》まれる植物。
すりつぶして料理に香《かお》りをつけたり、虫よけ剤《ざい》に使ったりする。

おかずの材料になる

焼畑の休閑地《きゅうかんち》の役割《やくわり》①

　作物の栽培《さいばい》をやめた後の休閑地《きゅうかんち》には、やがて草や木が生えはじめ、しだいに森林にもどっていきます。栽培《さいばい》をやめてからどのくらいの年数がたっているかで、その場所に生える植物の種類や生長の度合いに差がありますが、その差があるからこそ、人々はいろいろな植物を集めることができるのです。

　木や草の芽や葉、つぼみや花は、ごはんのおかずになります。果実やナッツは、子どもたちのおやつです。木の幹《みき》や枝《えだ》は、家を建てたり、家具や道具を作ったりするための材料になります。料理をしたり、部屋を温めたりするためには、たきぎをひろってきて燃《も》やします。病気やけがのときには、薬になる植物を探しに行きます。さらに、わなをしかけて鳥やネズミをつかまえたり、昆虫《こんちゅう》やハチミツをとってきたりして、食べることもあります。

　このように、焼畑の休閑地《きゅうかんち》は、山地の人々にとって、日々の暮《く》らしに必要な品々をあたえてくれる大切な場所です。しかも、年数の違《ちが》う休閑地《きゅうかんち》がいくつかあることで、植物や動物をかたよりなく手に入れることができるのです。

食べる

上—バナナ（ラオス・ポンサーリー県）。
つぼみをスープやあえものに料理して食べる。
右—ニガウリのなかま（ラオス・ポンサーリー県）。
葉や若《わか》い実を煮物《にもの》やスープにして食べる。

ものを作る

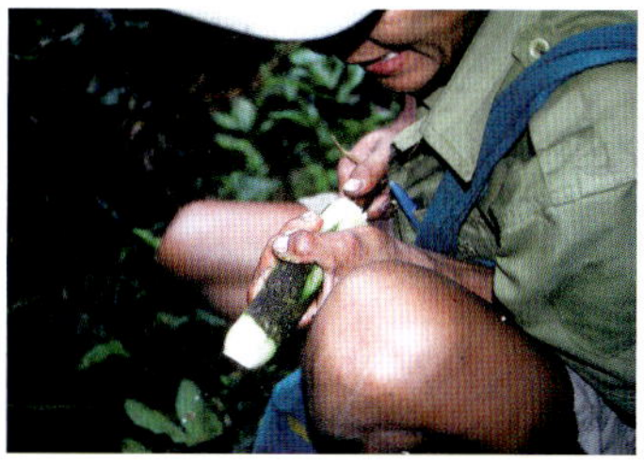

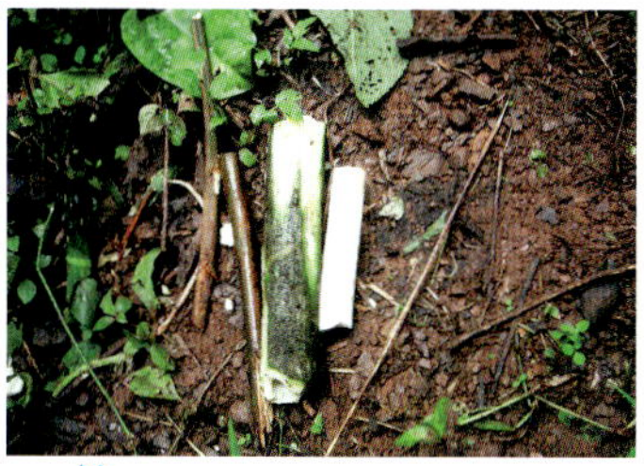

左―網《あみ》(ラオス・ポンサーリー県)。
休閑地《きゅうかんち》から素材《そざい》を集めて網《あみ》を作り、
川で魚をとる。
上2点―アクセサリー
(ラオス・ウドムサイ県)。
ウコギのなかまの木の枝《えだ》の中心には、
直径2センチほどの円柱形をした、
軽くてやわらかなスポンジのような
部分がある。枝《えだ》から押《お》し出した
スポンジを、耳たぶにあけた穴《あな》につめて、
イヤリングにする。

燃料《ねんりょう》をえる

上から―お手伝いするよ(ラオス・ポンサーリー県)。
おとなといっしょに休閑地《きゅうかんち》にでかけて、
遊びながら、たきぎ集めを手伝う子どもたち。
たきぎ(ラオス・ポンサーリー県)。
枯《か》れた木の枝《えだ》や幹《みき》を集めて、たきぎにする。
かごに入れて家に持ち帰り、いろりで燃《も》やして、
料理をしたり、部屋を暖《あたた》めたりする。

治療《ちりょう》する

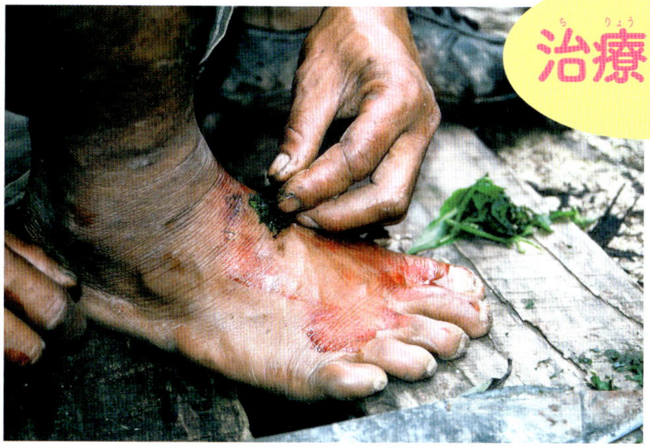

薬(ラオス・ウドムサイ県)。森林を歩いていたら、皮膚《ひふ》がかぶれてかゆくなった。
さっそく、薬になる植物の葉を見つけ、きざんで塗《ぬ》る。

動物をつかまえる

カラスウリのなかま(ミャンマー・バゴー管区)。
鳥には、赤い実によってくる性質《せいしつ》がある。
その性質《せいしつ》を利用し、あざやかな赤い実を使って
鳥をおびきよせ、わなでつかまえる。

焼畑《やきはた》の休閑地《きゅうかんち》の役割《やくわり》②

山地の人々は、焼畑の休閑地《きゅうかんち》でとれた植物や動物を、家族の暮《く》らしのために使うだけではなく、他の人に売って、お金をかせぐことがあります。このような品物は森林産物と呼ばれます。森林産物には、他の場所では手に入りにくいことから、盆地《ぼんち》や平原、さらには外国にまで運ばれていくものもあります。

森林産物には、どのようなものがあるでしょうか。その代表は大型の木材です。たとえば、チークという木は、建物や船を作るのに利用されます。切り倒《たお》した後、ゾウに引かせて山から降《お》ろし、川に浮《う》かべて運びます。また、ジンコウジュという木は、幹《みき》や根《かお》に香りのよい物質《ぶっしつ》がたまるため、香木《こうぼく》の沈香《じんこう》として高い値段《ねだん》で取り引きされてきました。

このほかにも、香水《こうすい》の原料になる安息香《あんそくこう》や、染料《せんりょう》のラックなど、特別な使い方をする森林産物があります。

なお動物については、かつてはゾウの牙《きば》、トラの毛皮や骨《ほね》などが売られていましたが、最近では生物保護《ほご》のため、取り引きが禁止《きんし》されるようになっています。

木材

上から　アジアゾウ（ミャンマー・バゴー管区）。子どものころから人間に飼《か》われて訓練されたゾウは、象使いの命令にしたがって、丸太を引く仕事をする。

チーク（ミャンマー・バゴー管区）。インド、ミャンマー、タイ、ラオスに分布《ぶんぷ》する樹木《じゅもく》。高さ30メートルほどに育つ。すでに天然のチーク林は少なくなっているが、各地で植林が行われている。

ラオスヒノキ（ラオス・ボリカムサイ県）。木材として使われるヒノキのなかまの樹木《じゅもく》。高さ15メートルほどに育つ。日本では寺院や神社などを建てるのに利用される。

樹脂《じゅし》

上—安息香《あんそくこう》（ラオス・ルアンパバーン県　横山智撮影《よこやまさとしさつえい》）。
トンキンエゴノキなどの
木の幹《みき》に傷《きず》をつけたとき、
しみだしてくる樹脂《じゅし》を
安息香《あんそくこう》という。
香水《こうすい》の原料、あるいはせきの薬や
痛《いた》み止めとして使われる。

右—沈香《じんこう》（山田松香木店提供《やまだまつこうぼくてんていきょう》）。
沈香《じんこう》は、古くから香木《こうぼく》や漢方薬の原料として
使われてきた。ベトナム産の高級な沈香《じんこう》は
伽羅《きゃら》と呼《よ》ばれ、とくに珍重《ちんちょう》される。

タイガーグラス（ラオス・ウドムサイ県）。イネのなかまの野生植物。
穂《ほ》の部分がほうきの材料になるため、山地の人々が集めている。
タイや中国、ベトナムに販売《はんばい》され、加工される。

ほうき

市場での取引

山の村の市場（ラオス・ポンサーリー県）。
山地に住むプーサン人が、定期市で森林産物を売るようす。
仲買人《なかがいにん》から受け取ったお金で、市場で日用品や衣服などを
買いそろえ、村に戻《もど》っていく。

ラック（ラオス・ルアンパバーン県　横山智撮影《よこやまさとしさつえい》）。
ラックカイガラムシという昆虫《こんちゅう》が分泌《ぶんぴつ》する
物質《ぶっしつ》をラックといい、
赤い色の天然染料《せんりょう》として使われてきた。
日本でもかまぼこやハム、ゼリーなどの
着色に用いられる。
写真は、木の幹《みき》にラックがびっしりと
くっついたようす。

染料《せんりょう》

3 焼《やき》畑《はた》をめぐる暮《く》らし―山地

ごはんを食べる

山地に住む人々は、どのような食事をしているのでしょう。

まず毎日の主食は、陸稲《りくとう》のウルチ米を炊《た》いたご飯です。正月や結婚式《けっこんしき》など特別な行事のときには、陸稲《りくとう》のモチ米でお餅《もち》をつくこともあります。

ご飯のおかずは、畑でとれた野菜や雑草《ざっそう》、森林でとれた木の芽や葉、花、たけのこ、キノコなどを煮《に》込《こ》んだり、葉でつつみ焼きにしたりした料理です。新鮮《しんせん》な葉や花は、生のまま食べます。ウシやブタ、ニワトリなどの肉、川魚、昆虫《こんちゅう》を食べる日もあります。

いっぽう、雑穀《ざっこく》にもいろいろな食べ方があります。アワやシコクビエ、ハトムギは、陸稲《りくとう》の米と混《ま》ぜ合わせてご飯を炊《た》いたり、おこわに蒸《む》したり、ちまきや団子のようなお菓子《かし》を作ったりします。モロコシはおやつとして、実をポップコーンのように炒《い》ったり、茎《くき》をかじって中にたまった甘《あま》い蜜《みつ》を味わったりします。シコクビエ、ハトムギ、モロコシの実を、麹《こうじ》を使って発《はっ》酵《こう》させると、お酒ができます。

親戚《しんせき》や友だちといっしょに食卓《しょくたく》を囲み、おしゃべりをするのは、人々の楽しみのひとつです。

食卓《しょくたく》を囲んで

上―アカ人の村の食事（ラオス・ポンサーリー県）。ある日の晩《ばん》ごはん。おかずは、タケネズミの煮物《にもの》、青菜の煮物《にもの》、
たけのこスープ。木の葉は、生のまま食べる。少し苦い。
右上―カムー人の村の食事（ラオス・ウドムサイ県）。新しい家の完成を祝う日のごちそう。山盛《やまも》りのご飯に、豚肉の煮物《にもの》とスープ。
左頁―「かんぱい！」（ラオス・ポンサーリー県）。村を訪《おとず》れた役人（右端《みぎはし》）と大学の先生（左端《ひだりはし》）に、食事をふるまうアカ人の村長（中右）。
自家製《じかせい》のお酒を飲みながら、語り合う。

雑穀《ざっこく》の食べ方

左―ご飯を炊《た》く（ミャンマー・シャン州）。
アワ、シコクビエ、モロコシの栽培《さいばい》を
続けるシャン人の女性《じょせい》。
米といっしょに炊《た》いて、食べてきた。
右上から―茎《くき》をかじる（タイ・チェンマイ県）。
モロコシの甘《あま》い茎《くき》をかじる
リス人の女性《じょせい》。畑に出たときの
おやつにちょうどいい。
おやつを作る（ミャンマー・バゴー管区）。
ハトムギのおやつを作るカレン人の女性《じょせい》。
いろりでたきぎを燃《も》やし、
ハトムギを炒《い》ると、ポップコーンのような
お菓子《かし》ができた。
お酒を作る（ミャンマー・チン州）。
シコクビエの酒を作るチン人の女性《じょせい》。
シコクビエの飯に麹《こうじ》の粉をまぜているようす。
この後、つぼにつめて、発酵《はっこう》させる。
シコクビエのお酒は、お客さんのもてなしに欠かせない。

衣服を作る

山地に住む人々は、どのような衣服を着て暮《く》らしているのでしょう。

現在《げんざい》は、多くの人がシャツやズボンなどを市場で買ってきますが、かつては、糸や布《ぬの》、衣服を自分たちで作って着ていました。これはおもに女の人の仕事でした。

衣服作りの例を、ラオス北部のアカ人の村でみてみましょう。衣服の素材《そざい》になる植物は、おもにワタが使われます。焼畑の畑でワタを栽培《さいばい》して、綿花《めんか》を集め、糸につむいでから、機《はた》を使って布《ぬの》を織《お》ります。この布《ぬの》をリュウキュウアイやキアイという植物を使って藍色《あいいろ》に染《そ》めた後、上着やスカート、バッグに仕立てます。上着には、パッチワークや刺《し》しゅうで飾《かざ》りをつけ、さらに帽子《ぼうし》やベルト、ネックレスを身につけます。このようにして、アカ女性《じょせい》のコーディネートが完成します。

山地の人々の衣服は、民族集団ごとに形や組み合わせ方が違《ちが》い、技術《ぎじゅつ》やデザインにもそれぞれに特徴《とくちょう》があります。人々は、自然の素材《そざい》を活用しながら、ていねいな手仕事や自分なりのくふうで、おしゃれをしてきたのです。

繊維《せんい》をとる作物

ワタ（ラオス・ルアンナムター県）。
ワタは繊維《せんい》をとるための作物。
熟《じゅく》した果実の中から綿毛《わたげ》がとびだし、
ボールのような綿花《めんか》になる。

糸から布《ぬの》へ 布《ぬの》から衣服へ

アカ人の手仕事（ラオス・ポンサーリー県）

経糸《たていと》をととのえる。経糸《たていと》をそろえて、機《はた》にかける準備《じゅんび》をする。村の広場をいっぱいに使っている。

綿糸《めんし》をつむぐ。棒《ぼう》のような形にととのえた綿花《めんか》から、糸をつむぐようす。歩きながらつむぐこともできる。

綿布《めんぷ》を織《お》る。高機《たかはた》を使って、綿糸《めんし》から綿布《めんぷ》を織《お》る。

衣服を作る。布を縫《ぬ》いあわせて、衣服を作る。お祭りや結婚式《けっこんしき》など、特別なときの衣服を着たようす。

綿布《めんぷ》を染《そ》める。焼畑《やきはた》の畑で栽培《さいばい》したリュウキュウアイやキアイを使って、布《ぬの》を藍色《あいいろ》に染《そ》める。

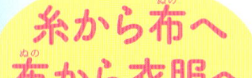

衣服の形と組み合わせ

上から――藍染《あいぞめ》を着る(ラオス・ポンサーリー県)。プーノイ人の女性《じょせい》のふだん着。赤い房飾《ふさかざ》りのついた藍染《あいぞめ》のターバンと上衣。右側の人は上衣にアップリケと刺《し》しゅうをしている。

綿糸《めんし》を紡《つむ》ぐ(ミャンマー・バゴー管区)。カレン人の女性《じょせい》のふだん着。藍染《あいぞめ》のブラウスと赤いスカート。髪《かみ》には金属《きんぞく》のカチューシャをとめている。

左――刺《し》しゅうをする(ラオス・ルアンナムター県)。ミエン人の女性《じょせい》のふだん着。頭にターバン、赤い糸を飾《かざ》った上衣と細かい刺《し》しゅうのズボン。

【植物のビーズ、ジュズダマ】

東南アジア大陸部では、衣服を飾《かざ》る素材《そざい》として、ジュズダマという野生植物の種子が使われます。

ジュズダマの種子は、かたくてわれにくく、表面がつやつやしていて見た目にきれいです。また、真ん中に穴《あな》があいたつくりになっているので、わざわざ糸を通す穴《あな》をあける必要もありません。このためビーズのように、糸に通してアクセサリーを作ったり、布《ぬの》に縫《ぬ》いとめたりすることができるのです。

ジュズダマのなかまの作物が、雑穀《ざっこく》のハトムギで、こちらはご飯やおやつになります。

ネックレスをつくる(ラオス・ホアパン県)。村に生えていたジュズダマで、ネックレスを作るタイ・カオ人の子どもたち。お父さんにもらった釣《つ》り糸に種子を通してみた。

衣服をかざる(ラオス・ルアンナムター県)。白い種子を衣服にぬいとめるアカ人の女性《じょせい》。

ジュズダマ(ミャンマー・シャン州)。日本では、東北地方から沖縄県にかけて分布《ぶんぷ》。川の縁《ふち》や空地などに生え、夏の終わりから秋ごろに種子をつける。

お手玉で遊ぶ(鹿児島県霧島《きりしま》市)。種子を布《ぬの》の袋《ふくろ》につめて、お手玉を作る。投げて遊ぶと、よい音がする。

家を建てる

山地に住む人々は、どのような家に住んでいるのでしょうか。

人々は集まって村を作ります。山地では、みんなの家が建てられる広さの平らな場所があるか、水場が近いかどうかをたしかめて、村の場所を決めます。最近では、学校や病院、市場に通いやすいことから、大きな道路の近くに村を移《うつ》すこともあります。

家の建て方には、地面の上の低い位置に床《ゆか》を作る土《ど》間式《ましき》と、柱を組んで地面から高い位置に床《ゆか》を作る高床《たかゆか》式《しき》があります。高床式《たかゆかしき》の家では、床《ゆか》の下の場所を、たきぎをしまっておいたり、作業をしたりするのに使います。穀物《こくもつ》をためておく倉庫は、家から離《はな》れた場所に建て、火事になってもいっしょに燃《も》えてしまわないように注意しています。

家を建てる材料は、森林でとれる木材や竹です。ラタンというつる植物のロープで木材をしばりつけたり、チガヤという草の葉を屋根にかぶせたりもします。

山地の村では、男の人はみんなが大工さんです。親《しん》戚《せき》や近所の人たちと協力して、自分で自分の家を建てるのです。

木を切り出す。休閑地《きゅうかんち》の森林で、柱や梁《はり》になる木を見つけて切り出し、畑で乾《かわ》かしておく。

アカ人の村の住宅《じゅうたく》リフォーム

（ラオス・ポンサーリー県）

角材を作る。村まで運びこんだ木の皮をはぎ、かんなをかけて角材を作る。

屋根をふく。軽くてじょうぶな竹を平らにのばし、かわらのように何枚も重ね、屋根をおおう。

増築《ぞうちく》する。村の人が手伝って、柱や梁《はり》をふやし、部屋を広げていく。古い材木は、たきぎに再利用《さいりよう》する。

高《たか》床《ゆか》式《しき》の家

左から—カレン人の家
（ミャンマー・バゴー管区）。
チークを柱に使っている。
玄関《げんかん》までは、階段《かいだん》を使ってのぼる。
タイ・ルー人の家
（ラオス・ポンサーリー県）。
ベランダで洗濯物《せんたくもの》を干《ほ》し、床下《ゆかした》に
たきぎをしまっている。

土《ど》間《ま》式《しき》の家

上から—アカ人の家（ラオス・ポンサーリー県）。壁《かべ》は竹を編《あ》んだものでできている。
アク人の家（ミャンマー・シャン州）。大きな屋根にチガヤをかぶせている。

上から—屋根の材料（タイ・チェンマイ県）。チガヤの束。チガヤはイネのなかまの野生植物で、草原に大量に生えることもある。刈《か》りとって乾《かわ》かしてから、棒《ぼう》を真ん中にして2つに折って編《あ》み、かわらのような部品を作る。この部品を積み重ねて屋根をおおう。
家畜《かちく》小屋の材料（ラオス・ウドムサイ県）。森林を歩いて、ヤシのなかまの葉とラタンのつるを集めるカムー人の男性《だんせい》。
葉は屋根の素材《そざい》、ラタンはロープになる。
これでブタ小屋を修理《しゅうり》する予定。

建《けん》築《ちく》材料を集める

4 祈《いの》りと願い――山地

祈《いの》りと暮《く》らし

人が生まれてから、亡《な》くなるまでの間には、さまざまなできごとがおこります。よいこともありますが、ときには悪いこともおこります。山地に住む人々には、仏教《ぶっきょう》やキリスト教、イスラム教の信者がいて、それぞれの宗教《しゅうきょう》のやり方にそって、毎日を心やすらかに暮《く》らせるよう、祈《いの》りをささげたり、寄付をしたりしています。

また、森林や畑、村のあちこちに精霊《せいれい》がいると信じ、その精霊《せいれい》を怒《おこ》らせてしまうと、何か悪いことがおきると考える人もいます。

アカ人やナガ人は、赤ちゃんや子どもがじょうぶに育つことを願って、悪い精霊《せいれい》を近づけないよう、植物を使っておまじないをします。

カレン人は、焼畑《やきはた》で栽培《さいばい》する陸稲《りくとう》に精霊《せいれい》がついていると考えています。女性《じょせい》は結婚《けっこん》すると、夫とともに家庭を作り、新たに焼畑を始めます。その畑にまく陸稲《りくとう》の種は、母親から娘《むすめ》にゆずられ、それと同時に、精霊《せいれい》をまつるしきたりも伝えられます。

精霊《せいれい》を信じる人たちにとって、村や畑、森林は、人だけが暮《く》らす場所ではありません。そこでは、精霊《せいれい》と人がともに生きているのです。

精霊《せいれい》を信じる

上―赤ちゃんをまもる（ラオス・ポンサーリー県）。
アカ人には、赤ちゃんに悪い精霊《せいれい》がつかないように、森林からグネツムという植物をとってきて、家の玄関《げんかん》に取りつけておく習慣《しゅうかん》がある。

下―子どもをまもる（ミャンマー・ザガイン管区）。
ナガ人には、悪い精霊《せいれい》がついて病気にならないよう、子どもがジュズダマの種子で作ったネックレスを身につける習慣《しゅうかん》がある。顔の模様《もよう》は、ミャンマー式のお化粧《けしょう》。ミカンのなかまの木からとった黄色い粉を水でといて、塗《ぬ》っている。

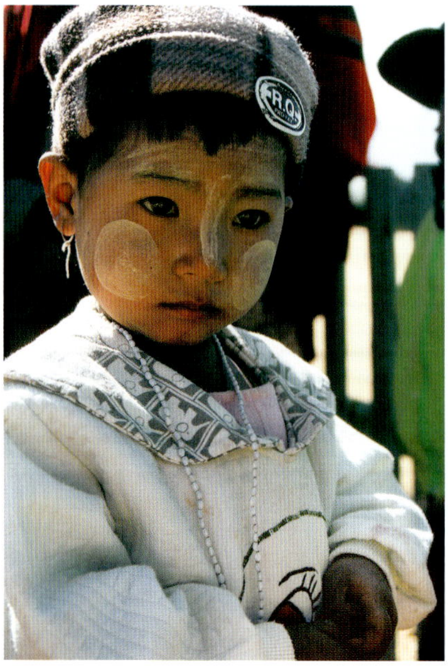

母から娘へ（ミャンマー・バゴー管区）。
カレンの村には、ひとつの焼畑の畑で仕事をした後、べつの畑の仕事を手伝ったらいけないというきまりがある。これは陸稲《りくとう》の精霊《せいれい》が、まじりあわないようにするためである。ただし、姉や妹の畑であれば、仕事を手伝ってもよい。母親から同じ陸稲《りくとう》の種と精霊《せいれい》を受け継《つ》いでいるからである。

仏教《ぶっきょう》

店の仏様《ほとけさま》（ミャンマー・シャン州）。パオ人の男性《だんせい》が経営《けいえい》する理髪店《りはつてん》で、店の中に仏様《ほとけさま》をまつるようす。その横には、最新のヘアスタイルを紹介《しょうかい》する写真がはってある。

キリスト教

上から―村の教会（ミャンマー・カチン州）。16世紀ごろ、ヨーロッパ諸国《しょこく》の進出とともに、東南アジアでキリスト教の布教《ふきょう》が始まった。ミャンマーでは、上座仏教《じょうざぶっきょう》（46ページを見よう）の信者が少ない地域《ちいき》に広まり、カチン人、カレン人、チン人などに信者をふやした。

クリスマス（ミャンマー・バゴー管区）。カレン人の村の教会を訪《おとず》れたシスターと聖歌隊《せいかたい》。山地の村々を回って、クリスマスに祈《いの》りをささげる。

お正月を祝う

下―新年のお供《そな》え（タイ・チェンマイ県）。リス人の村のお正月。元旦《がんたん》の朝、神様に、バナナの葉にくるんだお餅《もち》とお酒を供《そな》えて、祈《いの》りをささげる。

右―新年のおどり（タイ・チェンマイ県）。神聖《しんせい》な木のまわりで、おどりをおどるようす。花飾《はなかざ》りのついた帽子《ぼうし》をかぶり、銀色の大きな首飾《くびかざ》りをつけている人もいる。緑色のシャツを着た男性《だんせい》は、ギターのような弦楽器《げんがっき》をひきながら、歌をうたっている。

5 田んぼをめぐる暮《く》らし―盆地《ぼんち》・平原

田んぼの役割《やくわり》

盆地《ぼんち》や平原に住む人々は、どのように暮《く》らしてきたのでしょう。まず、田んぼでの稲作《いなさく》について見てみましょう。

人々は川や池から水路を引き、そのまわりに田んぼを作ります。毎年、流れこむ水によって、土や養分が田んぼに運ばれます。このため、長年にわたって、田んぼでは水稲《すいとう》をつくることができるのです。

田んぼの大きさや形は、村のまわりの地形によって違《ちが》います。地面が平らな場所では、1枚の田んぼを大きくすることができます。山の斜面《しゃめん》では、小さな田んぼを階段《かいだん》のように積みかさねて、棚田《たなだ》を作ります。いっぽう、川から遠い場所や、丘の上では、雨季《うき》の雨水を田んぼにためます。

さらに、田んぼでは、イネ以外の植物や動物もさかんに利用されてきました。田んぼに生える雑草《ざっそう》、イネに飛んでくるバッタやカメムシ、水の中にすむ魚やカエル、タガメは、食べることができます。フタバガキのなかまの木を、田んぼの中やあぜ道に残しておいて、材木にしたり、樹脂《じゅし》をとったりすることもあります。

地形と田んぼ

山地の田んぼ(ベトナム・ソンラー省)。
山の斜面《しゃめん》にそって、小さな田んぼが積みかさなっている。
それぞれの田んぼに水をためて、水稲《すいとう》を栽培《さいばい》する。

盆地《ぼんち》の田んぼ(ミャンマー・シャン州)。
まわりを山に囲まれた小さな土地に、小さな水田をたくさん作っている。
田んぼの中の三角は、刈《か》り取った水稲《すいとう》のわらを積み上げたもの。

平原の田んぼ(タイ・ヤソートン県)。
田んぼの中に、樹木《じゅもく》を残したり、植えたりする光景は、タイの東北部とラオスの南部で見られる。
この樹木《じゅもく》からは、野菜や薬、たきぎや肥料《ひりょう》がえられる。

デルタの田んぼ(ベトナム・ハイズオン省)。
ベトナム北部のホン川デルタに広がる田んぼのようす。
昔から米どころとして知られ、雨季《うき》だけでなく、乾季《かんき》にも水稲《すいとう》を栽培《さいばい》してきた。

米を食べるまでのステップ

土を耕《たがや》す（ミャンマー・マンダレー管区）。
背中《せなか》にこぶのあるウシ2頭にスキを引かせて、
田んぼの土を耕《たがや》すビルマ人の農民。
田植えの準備《じゅんび》をしている。

脱穀《だっこく》（ラオス・シェンクワン県）。刈《か》り取ったイネの束を、
ヌンチャクのような道具を使って地面に打ちつける。
こうすると、イネの穂《ほ》から、もみがはずれる。

精米《せいまい》（ミャンマー・マンダレー管区）。イネのもみを臼《うす》に
入れてつき、もみがらをはずすと米が得られる。
米をあおぎあげて、もみがらや、ごみをきれいに
とりさるようす。

田んぼの多目的利用

家畜《かちく》を飼《か》う（ベトナム・イエンバイ省）。稲刈《いねか》りを終えた
田んぼで、ウシとスイギュウに残ったイネの茎《くき》を
食べさせるようす。ウシやスイギュウは耕作《こうさく》に
使われてきたが、農業機械が広まったため、
最近ではその数が減《へ》っているところも多い。

上—魚をつかまえる（タイ・ヤソートン県）。
雨季《うき》には田んぼや水路、川に水がたまり、
魚がふえる。わなや網《あみ》で魚をつかまえて、
おかずにする。
左—昆虫《こんちゅう》をつかまえる（ラオス・ルアンナムター県）。
雨季《うき》の田んぼでは、タガメやコオロギ、
ケラなどの昆虫《こんちゅう》がとれる。から揚《あ》げにしたり、
ご飯につけるソースの材料にしたりして食べる。

【庭畑《にわはた》】

盆地《ぼんち》や平地の村では、家々のまわりに木々が立ちならび、村が林に囲まれているように見えることがあります。これは、人々が生活に役に立つさまざまな植物を庭先で栽培《さいばい》しているからです。このような場所を庭畑と呼《よ》びます。

庭畑に植えることの多い植物は、ココヤシやバナナです。一度植えておけば、長年にわたって実をつけます。枝《えだ》が広がるタマリンドの木は、その木陰《こかげ》で休むこともできますし、果実も食べられます。木々のわきに、野菜や香辛《こうしん》料《りょう》を植えておけば、料理したいとき、すぐに使えます。

上から—庭畑《にわはた》のある家（ラオス・ヴィエンチャン県）。
庭畑の木や草が、高床式《たかゆかしき》の家を取りかこむよう
す。パパイヤ、ハトムギ、カボチャなどが
植えこまれている。
タマリンドの果肉（タイ・ピサヌローク県）。果実は、
そのまま果物として食べるほか、料理に
甘酸《あます》っぱい味をつける調味料のようにも用いる。
ココヤシ（ラオス・ヴィエンチャン市）。ココヤシの
実の中から、白い胚乳《はいにゅう》をかき出し、少しの水と
混《ま》ぜて絞《しぼ》ると、白い液体ができる。これが
ココナツミルクである。ココナツミルクには脂肪《しぼう》
がふくまれ、料理に加えるとコクや香《かお》りが出る。

おこわとご飯

東南アジア大陸部の盆地《ぼんち》や平原に住む人々のうち、北部の人々は、おもに水稲《すいとう》のモチ米のおこわを毎日食べています。食べるときには、竹のかごに入れたおこわを指でつまみ、まるめて口に入れます。

ラオスの首都ヴィエンチャンで食事をしたら、おこわにぴったりのおかずとして、川魚のあえもの「ラープ」が出されるでしょう。

いっぽう、南部の人々は、おもに水稲《すいとう》のウルチ米のご飯を毎日食べています。日本のウルチ米のご飯とは、水稲《すいとう》の品種や炊《た》き方が違《ちが》うので、少しパサパサした感じがするかもしれません。

タイの首都バンコクで食事をしたら、ご飯にぴったりのおかずとして、エビのスープ「トム・ヤム・クン」が出されるでしょう。

また、ウルチ米の粉から麺《めん》を作ることもあり、焼きそばのように炒《いた》めたり、ラーメンのように汁《しる》と具をそえて食べたりします。

毎日の食事に、おこわとご飯のどちらを選ぶか、そこには、同じイネという穀類《こくるい》を主食にしながらも、民族集団による食文化の違《ちが》いが表れています。

上―おこわを買う（ミャンマー・シャン州）。市場では、甘《あま》く味つけしたおこわを買うことができる。食品を包むために、バナナの葉を使うことも多い。

右上―おこわを蒸《む》す（タイ・ルーイ県）。竹のかごの部分にモチ米を入れ、その下のなべでお湯をわかして、おこわを蒸《む》し上げる。

右―おやつに食べる（ラオス・ルアンナムター県）。遊びながら、おこわを食べる子どもたち。

下―おこわを盛《も》る（ラオス・ルアンパバーン県）。小さなかごに一人前のおこわをつめて、テーブルに出す。かごを使うと、おこわから出る湿気《しっけ》がこもらない。

下右―ラープ（ラオス・ルアンパバーン県）。細かく切った川魚、あるいはウシやブタなどのひき肉を、トウガラシやニンニク、ミントなどのハーブであえた料理。香辛料《こうしんりょう》の辛《から》さや香《かお》りが、新鮮《しんせん》な魚や肉の味をひきたてる。

右―手で食べる（タイ・ヤソートン県）。モチ米のおこわは粘《ねば》りけがとても強いので、箸《はし》やスプーンですくうことができない。手でつまめば食べやすく、また行儀《ぎょうぎ》よく食事ができる。

モチ米を食べる

ウルチ米を食べる

上から―スプーンとフォークでご飯を食べる
（タイ・チェンライ県　大村次郷《おおむらつぐさと》撮影《さつえい》）。
トム・ヤム・クン（タイ　タイ国政府観光庁《せいふかんこうちょう》提供《ていきょう》）。
レモングラスの茎《くき》、コブミカンの葉、
トウガラシなどで香《かお》りと味をつけた
エビのスープ。すっぱさと辛《から》さが
ほどよく調和した味つけ。
右上―ウルチ米の麺《めん》①（タイ・チェンマイ県）。
焼きそばのように麺《めん》を炒《いた》めたもの。
ピーナツをトッピングし、生のネギやモヤシ、
ニラをそえて食べる。
右―ウルチ米の麺《めん》②（ラオス・ルアンナムター県）。
ラーメンのように麺《めん》に具と汁《しる》を加えたもの。
奥《おく》の皿には、クレソン、ミント、タデなどの葉が
入っている。好きなものをちぎってスープに入れ、
魚醤《ぎょしょう》や砂糖《さとう》、トウガラシ、レモンのような果物の
汁《しる》で味を調節してから、食べる。

モチモチのおやつ

モチ米を食べる

水稲《すいとう》のモチ米は、食事だけでなく、お菓子《かし》にも使われます。

モチ米のお菓子《かし》には、米を粒《つぶ》のまま料理するものと、米をいったん粉にひいてから料理するものとがあります。粒《つぶ》を使うと、ちまきや焼きおにぎりのようなお菓子《かし》ができます。粉を使うと、ドーナツやたこ焼きのようなお菓子《かし》ができます。どのお菓子《かし》も、砂糖《さとう》やココナツミルクを加えて、甘《あま》い味にしあげます。

さらに、東南アジア大陸部では、デンプンがモチ性《せい》のトウモロコシやハトムギが栽培《さいばい》されています。イネと同じように、トウモロコシやハトムギにも、パサパサした食感の品種とモチモチした食感の品種の両方があるのです。

モチ性《せい》のトウモロコシは、まるごとゆでて食べます。モチ性《せい》のハトムギは、穂《ほ》ごとゆでたり、甘《あま》く煮《に》てデザートにしたりします。

盆地《ぼんち》や平原の人々は、モチ性《せい》の穀類《こくるい》で作ったおやつが大好きです。自分で料理したり、市場で買ってきたりして、家族や友だちといっしょに、楽しくつまみます。

ちまきのようなお菓子《かし》（ミャンマー・モン州）。
モチ米のなかにココヤシと砂糖《さとう》のあんを入れ、
全体をバナナの葉で包んでから、蒸《む》し上げる。

ドーナツのようなお菓子《かし》（タイ・チェンライ県）。
モチ米の粉と水、ココナツミルクを混《ま》ぜて、
浮《う》き輪のような形にととのえてから、油で揚《あ》げる。小
小麦粉のドーナツよりも、歯ごたえが強い。

焼きおにぎりのようなお菓子《かし》（タイ・サコンナコーン県）。
棒《ぼう》のまわりにモチ米のおこわをかためて、
砂糖《さとう》入りのとき卵《たまご》をからめながら、
焼きおにぎりのように炭火で焼く。

たこ焼きのようなお菓子《かし》（タイ・ノーンカーイ県）。
モチ米の粉と水、ココナツミルクを混《ま》ぜて、
たこ焼きのような型に入れて焼く。途中《とちゅう》でひっくり
返さないので、半円形にできあがる。

モチ性《せい》ハトムギを食べる

左―穂《ほ》ごとゆでる（タイ・チェンライ県）。穂《ほ》の先を切りとって、まるごとゆでたもの。食べるときには、ピーナツのように殻《から》をわって、中味を取り出す。

上―おやつに食べる（タイ・チェンライ県）。自分の家の庭畑《にわはた》（35ページを見よう）で栽培《さいばい》したハトムギを食べる子ども。

デザートを作る（タイ・チェンマイ県）。大粒《おおつぶ》のハトムギを煮《に》た冷たいデザート。ココナツミルク味のシロップといっしょに食べる。

ゆでたトウモロコシ（タイ・チェンマイ県）。モチ性《せい》トウモロコシのもっとも基本的《きほんてき》な食べ方。ゆでるとしっかりとした歯ごたえを感じる。ウルチ性《せい》のものにくらべて、穂《ほ》が小さめなのが特徴《とくちょう》。

モチ性《せい》トウモロコシを食べる

【モチ性《せい》穀《こく》類《るい》のふしぎ】

世界には33種類の穀類《こくるい》がありますが、そのうち、デンプンにウルチ性《せい》とモチ性《せい》の両方の品種がある穀類《こくるい》は、アワ、イネ、オオムギ、キビ、トウモロコシ、ハトムギ、モロコシの7種類だけです。ほかの26種類には、ウルチ性《せい》の品種しかありません。また、モチ性《せい》の穀類《こくるい》が栽培《さいばい》され、利用されている地域《ちいき》は、インドの北東部から東側の東南アジアと東アジアだけに限《かぎ》られます。

モチ性《せい》の穀類《こくるい》には、このようにふしぎな特徴《とくちょう》があります。モチモチのおやつを好む東南アジア大陸部の人々と、赤飯や雑煮《ぞうに》を好む日本のわたしたちは、遠く離《はな》れていますが、モチ性穀類《せいこくるい》を食べるという点では共通しているのです。

左―リス人の村の餅《もち》つき（タイ・チェンマイ県）。大晦日《おおみそか》にお餅《もち》をつき、正月の準備《じゅんび》をするようす。正月や収穫祭《しゅうかくさい》など、特別なときにだけ餅《もち》つきが行われる。

右―お餅《もち》おいしいね（タイ・チェンマイ県）。つき上がったお餅《もち》は、小さくちぎって丸めておく。お餅《もち》の表面が黒っぽいのは、つくときにエゴマの粉をまぶすため。エゴマの油分によって、臼《うす》や杵《きね》にお餅《もち》がくっつくのを防《ふせ》ぐ。また、香《かお》りがよくなる。

布《ぬの》を織《お》る

東南アジア大陸部では、民族集団によって、それぞれに特徴《とくちょう》のある色や模様《もよう》の布《ぬの》が織《お》られてきました。布《ぬの》は、衣服の素材《そざい》として身体を包むために、また、ふとん、ざぶとん、蚊帳などを作って心地よく暮《く》らすために使われます。

いまでは布製品《ぬのせいひん》を市場で買うことができますが、かつては自分たちで作っていました。このため、女の人は幼《おさな》いころから、布《ぬの》を織《お》る技術《ぎじゅつ》を身につけながら育ちました。

盆地《ぼんち》や平原の人々が布《ぬの》を織《お》るために使うおもな素《そ》材《ざい》は、綿糸《めんし》(28ページを見よう)と絹糸《けんし》です。絹糸《けんし》を作る方法は、クワの木を栽培《さいばい》し、その葉をえさにカイコを飼《か》ってまゆを作らせ、最後に湯で煮《に》たまゆから糸を引き出すというもので、たいへんな手間と時間がかかります。絹糸《けんし》や綿糸《めんし》を、木の皮や実、ラックなどで、いろいろな色に染《そ》め分けたあと、機《はた》を使って布《ぬの》を織《お》ります。

一枚の布《ぬの》の端《はし》を縫《ぬ》い合わせ、筒型《つつがた》にしたスカートのような衣服は、ミャンマーでは「ロンジー」、ラオスでは「シン」と呼《よ》ばれます。日常着《にちじょうぎ》や外出着に、いまでも多くの人が着ています。

カイコから絹糸《けんし》へ 絹糸《けんし》から布《ぬの》へ

カイコを飼《か》う(ラオス・ルアンナムター県)。
クワの葉をあたえて、カイコを育てる。
カイコは昆虫《こんちゅう》の家畜《かちく》である。

カイコのまゆ(タイ・ウドンターニー県)。
カイコはまゆを作り、その中でさなぎになる。

布《ぬの》とともに住む

ざぶとん(ラオス・ルアンナムター県)。
綿布《めんぷ》で作ったざぶとん。板張《いたば》りの床《ゆか》に、これをしいてすわる。キワタの木からとれる綿《わた》を中にしっかりつめて、すわりごこちをよくしている。

蚊帳《かや》(ラオス・ルアンナムター県)。
タイ・ダム人の母親が、結婚《けっこん》する娘《むすめ》のために作ったもの。飾《かざ》り織《お》りが美しい。
タイ・ダム人には、蚊帳《かや》のほかに、しきぶとん、かけぶとん、まくらなどを結婚《けっこん》の贈《おく》り物にする習慣《しゅうかん》がある。

布《ぬの》をまとう

上—村の集会(ミャンマー・カチン州)。
男性《だんせい》と女性《じょせい》がそれぞれ、ふだん着のロンジーをはいて、村の集会に参加している。布《ぬの》の色や模様《もよう》、はき方には男性《だんせい》と女性《じょせい》で区別はあるが、基本的《きほんてき》な形は同じである。

右—村の結婚式《けっこんしき》(ラオス・ルアンナムター県)。
花嫁《はなよめ》とつきそいの女性《じょせい》が、晴れ着のシンをはいている。金色の糸を織《お》りこんだ、色あざやかな絹布《けんぷ》が使われている。

まゆから糸をひく(ラオス・ルアンナムター県)。
なべの湯の中でまゆをゆで、箸《はし》のような道具で押《お》さえながら、絹糸《けんし》を引き出す。

糸を染《そ》める(タイ・ウドンターニー県)。
絹糸《けんし》を染《そ》め分け、かすり模様《もよう》を作る。
この技術《ぎじゅつ》をタイ語で「マット・ミー」という。

布《ぬの》を織《お》る(ラオス・ルアンナムター県)。高機《たかはた》を使って布《ぬ》を織《お》る。
できあがった布《ぬの》は、家族の衣服として使うほか、売ることもある。

ただいま練習中(ラオス・ルアンナムター県)。
機織《はたお》りをしていたおばあさんのまねをする子ども。
織《お》りの技術《ぎじゅつ》は家族から伝えられる。

ものを作る

盆地《ぼんち》や平原の村を訪《おとず》れると、植物を使って、いろいろなものを作りだす技《わざ》をもった職人《しょくにん》に出会うことがあります。できあがったものは、村の中で、あるいは他の村まで運ばれていって、人々の暮《く》らしに活かされています。

ものを作る素材《そざい》の代表は竹です。竹は、しなやかで加工しやすく、細いものから太いものまでたくさんの種類がそろっています。かご、楽器、魚やカエルをとるわななど、さまざまな使いみちがあります。

カジノキという木の皮は、紙を作る材料になります。ござを編《あ》むときには、湿地《しっち》に生えるカヤツリグサのなかまの葉を使います。ウルシノキの幹《みき》を傷《きず》つけたとき、しみ出してくる樹脂《じゅし》が漆《うるし》です。お椀《わん》の表面に漆《うるし》を塗《ぬ》ると、つやが出て、じょうぶになります。

さらに植物だけでなく、地面の土からもものができます。それがやきものです。飲み水をためておくためのかめ、料理をするための鍋《なべ》などをやきもので作ります。

村の職人《しょくにん》たちは、自然の素材《そざい》の性《せい》質《しつ》を活かして、さまざまなものを作っているのです。

竹で作る

上から―かご（タイ・メーホンソーン県）。
米屋の店先。じょうぶで軽い竹のかごに、米をつめてならべている。

楽器（ラオス・ルアンナムター県）。
竹で作った管楽器「ケーン」の伴奏《ばんそう》にあわせて、タイ・ダム人の女性《じょせい》が歌を歌う。

わな（タイ・ヤソートン県）。
カエルをとるわなを作る男性《だんせい》。カエルがいったん中に入ると、出られない形をしている。

ござを編《あ》む

手編《てあ》みのござ
（タイ・コンケン県）。
夫婦《ふうふ》がふたり一組になって、ござを編《あ》むようす。
ござの原料となるカヤツリグサのなかまの植物は、タイ東北部では少なくなりつつある。

紙をすく

左―カジノキの皮（ミャンマー・シャン州）。
原料のカジノキの皮を水で洗《あら》う。
家の近くに、洗《あら》い場をもうけている。
右―カジノキの紙（ミャンマー・シャン州）。
枠《わく》にはめてすいた紙を乾《かわ》かす。
乾《かわ》いたら枠《わく》からはずす。紙は、お経《きょう》を書いたり、
傘《かさ》や紙風船を作ったりするために使う。

やきものを焼く

漆《うるし》をぬる

漆《うるし》ぬりのお椀《わん》（ミャンマー・シャン州）。
漆《うるし》を使って、料理をもりつけるお椀《わん》を作るようす。
ミャンマーやベトナムでとれる漆《うるし》は、
日本の漆《うるし》にくらべてどろどろしている。

上から―形をつくる（ミャンマー・シャン州）。
土をこねたら、ろくろを回して、やきものの形をととのえる。
焼く（ミャンマー・シャン州）。
土が乾《かわ》いたら、山積みにしてから、
全体にイネのわらやもみがらをかぶせて、火をつけて焼く。

市場にでかける

東南アジア大陸部に暮《く》らす人々が、生活に必要なものをすべて、家族だけで準備《じゅんび》することはなかなかできません。また、自分の家にはたくさんあって、あまってしまっているものが、ほかの人の家では足りないということもおこります。このようなとき、あまったものを売り、逆《ぎゃく》に足りないものを買うため、人々は市場を開きます。

市場には、ふたつの種類があります。ひとつは、毎日決まった場所で開かれる常設市《じょうせついち》、もうひとつは、決まった日ごとに村を回る定期市です。市場には米や野菜、肉や魚、お菓子《かし》、衣服、せっけん、マッチ、文《ぶん》房具《ぼうぐ》など、さまざまな品物が並《なら》びます。麺類《めんるい》やスナックを食べたり、コーヒーを飲んだりして、一息つくことができる店もあります。

市場には、朝早くから、近くの村や遠くの街の人々が集まってきます。友だちにふと出会えば、家族は元気か、仕事はうまくいっているかと、おたがいのようすをたずねあいます。市場は、ものを売り買いするだけでなく、情報《じょうほう》を交換《こうかん》しあう場所でもあるのです。

市場の風景

上—定期市（ラオス・ポンサーリー県）。
ラオス北部の山地で、10日おきに開かれる定期市。まわりの村から人々が集まる。
中—常設市《じょうせついち》①（ラオス・ルアンナムター県）。
郡の中心地にある市場。
朝早くから、近くの村の人々が集まって買い物をしている。地面にシートをひいて、品物をならべる売り手がいる。
下—常設市《じょうせついち》②（タイ・チェンマイ市）。
街の中心部にある大型の市場。特産の食品を買いに、地元の人や観光客が集まる。

上から—野菜売り場(ミャンマー・ネピドー市)。新しい首都の市場に、
周囲の農村から野菜が出荷される。
ウリのなかまのハヤトウリ、オクラ、トウガラシ、キュウリ、さやを
野菜としてたべるマメ類のシカクマメなどがならぶ。
お菓子《かし》売り場(ラオス・ルアンナムター県)。揚《あ》げ菓子《がし》を買いにきた子ども。
市場では、料理の材料だけでなく、調理済みの食品も売られている。
右上から—雑貨《ざっか》売り場(ベトナム・ソンラー省)。野菜や果物、肉などの
生鮮《せいせん》食品は、ほとんどが近くの村から市場に出荷されるが、
せっけん、電池、ボールペンなどは、街から運ばれてくる。
食堂(ミャンマー・シャン州)。市場であたたかい麺《めん》の朝食をとる人も多い。
好きな生麺《なまめん》を買ってきて、この店に持ちこむ人もいた。

売り場のようす

コンニャクと納豆《なっとう》(ともにミャンマー・シャン州)。
日本とよく似《に》た食べ物が、東南アジア大陸部の市場で売られて
いることがある。味もほとんど変わらない。コンニャクは
あえものにして、納豆《なっとう》は煮物《にもの》やスープに入れて、それぞれ食べる。

市場の品物

カワノリ(ミャンマー・シャン州)。川でとれるアオミドロの
なかまの植物を乾燥《かんそう》させたもの。青のりのような見た目と
食感である。あぶって食べたり、スープの具にしたりする。

6 祈《いの》りと願い——盆《ぼん》地《ち》・平原

仏《ほとけ》をうやまう

東南アジア大陸部の街や村では、寺院や仏像《ぶつぞう》、黄色い衣のお坊《ぼう》さんを見かけることがよくあります。ミャンマー、ラオス、タイ、カンボジアでは、現在《げんざい》、多くの人々によって、上座仏教《じょうざぶっきょう》が信仰《しんこう》されています。

寺院には、たくさんのお坊《ぼう》さんが住んでいます。お坊《ぼう》さんは、労働しない、結婚《けっこん》しない、昼12時以降《いこう》はものを食べないなどのきまりを守りながら、仏教《ぶっきょう》の勉強にはげんでいます。

お坊《ぼう》さんを支《ささ》えるのは、村や街の人々の役目です。朝早く托鉢《たくはつ》にくるお坊《ぼう》さんに食べ物をさし上げたり、お金を寄《き》付《ふ》して寺院を建てたりします。

大きな寺院では、お経《きょう》などの古い本が、図書館のような建物にしまってあります。この本を手書きで書き写し、新たな本を作って、別な寺院に寄《き》付《ふ》することも、さかんに行われてきました。この本は、カジノキで作った紙を折りたたんだり、コリファヤシの葉の短冊《たんざく》をたばねたりして作られています。仏教《ぶっきょう》を信じる人々の思いを形にする素材《そざい》として、地元でとれる植物が使われてきたのです。

＊上座仏教《じょうざぶっきょう》と大乗仏教《だいじょうぶっきょう》……仏教《ぶっきょう》には、大きく分けると上座仏教《じょうざぶっきょう》と大乗仏教《だいじょうぶっきょう》のふたつの流れがある。上座仏教《じょうざぶっきょう》は、東南アジアのミャンマー、タイ、ラオス、カンボジアと、南アジアのスリランカでおもに信仰《しんこう》されている。いっぽう大乗仏教《だいじょうぶっきょう》は、ベトナムや日本、中国、韓国《かんこく》で信仰《しんこう》されている。

寺院とお坊《ぼう》さん

上—ノーン・ブワ寺の仏塔《ぶっとう》（タイ・ウボンラーチャターニー県）。1957年、ブッダが亡《な》くなって2500年目を記念《きねん》して建てられた、巨大な仏塔《ぶっとう》である。ウボンラーチャターニーの街では、毎年7月、お坊《ぼう》さんが寺にこもって修行《しゅぎょう》を始める安居《あんごい》入りの日に、ろうそく祭りが盛大《せいだい》に開かれる。

右上から—シェントーン寺（ラオス・ルアンパバーン市）。ランサーン王国の都が置かれていたルアンパバーンの街には、80あまりの寺院がある。16世紀に建てられたシェントーン寺は、ルアンパバーン様式建築《けんちく》の傑作《けっさく》とされる。歴史的な建物が多いルアンパバーンは、1995年にユネスコの世界遺産《いさん》に認定《にんてい》された。

村の寺院（ミャンマー・シャン州）。盆地《ぼんち》の村のようす。集落の中に赤い屋根の寺院、丘の上に小さな仏塔《ぶっとう》がある。寺院は、村の中心的な存在である。

左—黄色い衣のお坊《ぼう》さん（ラオス・サヴァンナケート県）。上座仏教《じょうざぶっきょう》では、一般《いっぱん》の男性《だんせい》が短い期間、見習い僧《そう》になる習慣《しゅうかん》がある。これは、本人だけでなく、家族や親類にとっても、功徳《くどく》を分かちあう大切な機会となる。村の寺で見習い僧《そう》としての経験《けいけん》を積むことで、寺と住民との結びつきはいっそう深くなる。

おこわを寄付《きふ》する（ラオス・ヴィエンチャン市　大村次郷撮影《おおむらつぐさとさつえい》）。

信者の活動

上から—ヤシの葉の短冊《たんざく》（ミャンマー・シャン州）。
七夕《たなばた》の短冊《たんざく》のようなものを、コリファヤシの葉から作り、
その表面に文字を書く。これを貝葉《ばいよう》という。
書き写す（ミャンマー・シャン州）。
貝葉《ばいよう》に書かれた文章を紙に書き写すタイ・マーオ人の男性《だんせい》。
古い本には、タム文字という特殊《とくしゅ》な文字が使われていることがある。

上—お参りする（タイ・ピッサヌローク県）。
寺院にお参りするための、
ハスの花、線香《せんこう》、金箔《きんぱく》のセット。
門前の売店で買ってから、境内《けいだい》に入る。
下—お祈《いの》りする（タイ・チェンマイ市）。
お参りセットのハスの花と線香《せんこう》は、
仏像《ぶつぞう》にお供《そな》えする。金箔《きんぱく》は、仏像《ぶつぞう》に直接《ちょくせつ》はりつける。

おわりに――東南アジア大陸部への視点《してん》

地元の人に教えてもらったこと

この本では、東南アジア大陸部はどんなところか、そこで暮《く》らす人々はどのような日常生活を送っているのかについて、説明してきました。

筆者のわたしは、人と植物のかかわりを研究する研究者です。1994年から毎年、東南アジア大陸部に出かけて行って、食べ物になる植物や衣服になる植物について、生えているところを観察したり、その植物を使っている人から話を聞いたりしています。このような調査《ちょうさ》によってわかったことの中から、自然を使いこなすくふうをとりあげて、この本で紹介《しょうかい》してみました。

調査の最中には、年配の方から子どもまで、さまざまな立場の人から、ものごとを教えてもらいました。おやつやごはんをごちそうしてくれた人、家に泊《と》めてくれた人もいます。たくさんの人たちの協力のおかげでこの本ができたことを、みなさんに伝えておきたいと思います。

これからの課題と変化

東南アジア大陸部で調査《ちょうさ》を続けていると、風景やようすが前と違《ちが》うなと気づくことがあります。自分の国やまわりの国、さらには世界の政治《せいじ》や経済《けいざい》の動きに影響《えいきょう》されて、人々の生活は変化しつつあるのです。

たとえばラオス北部の山地では、最近焼畑《やきはた》が減《へ》るいっぽうで、パラゴムノキの農園が増《ふ》えています。パラゴムノキは南アメリカ原産の作物で、幹《みき》に傷《きず》をつけると白い樹脂《じゅし》が出ます。この樹脂《じゅし》が天然ゴムで、おもに自動車のタイヤの原料に使われます。自動車の販売台数が急速に増《ふ》えた中国では、天然ゴムの需要《じゅよう》が高まっています。

ラオスでは、1996年、焼畑をやめるという政府《せいふ》の方針《ほうしん》が決まりました。焼畑の畑の面積を広げすぎたり、同じ畑で栽培《さいばい》を続けすぎたりした結果、森林にもどらない焼畑が増《ふ》えてしまうことがあったためです。

焼畑をしてはいけないと言われた人たちは、かわりに、何かほかの方法で生活しなければなりません。そのひとつが、パラゴムノキの農園を開き、天然ゴムを売ってお金をかせぐことでした。

しかし、パラゴムノキばかりを植えたら、かえって生物多様性《せいぶつたようせい》が失われるのではないか、天然ゴムは将来《しょうらい》もずっと高い値段《ねだん》で売れるのかなど、心配な点があります。自然環境《かんきょう》を守ることと、地元の人の生活を守ることは、両方とも大切ですが、同時に成り立たせるのは、なかなかむずかしいのです。

このように、東南アジア大陸部には、自然や暮《く》らしをめぐる課題が残されています。2011年には、タイで大洪水《だいこうずい》が発生し、ミャンマーでは政府《せいふ》が改革《かいかく》を始めました。またこれからも、新たなできごとが起こるでしょう。みなさんが、本を読んだり、ニュースを見たりして、東南アジア大陸部とそこに暮《く》らす人々についての関心を、さらに深めてくださることを期待しています。

指導者・保護者のみなさまへ—あとがきにかえて

本書は、東南アジア大陸部の自然環境と住民の日常生活について、山地をおもな対象に、雑穀を手がかりにして解説した本です。

東南アジアというと、国ごとに特徴を紹介したり、イネをとりあげたりすることが多いなか、あえて本書では山地と雑穀をテーマに設定しました。その理由として、背景となることがらを記しておきます。

●国家と少数民族

東南アジア大陸部では、13世紀から 20世紀まで、タイ系民族による複数の王国が成立していました。盆地に中心をおいた王国は、そのまわりの山地で焼畑や森林産物の交易をしていた人々を、ゆるやかに統治していました。

20世紀、東南アジアにおけるナショナリズムの高揚とともに、この地域に、ミャンマー、タイ、ラオス、ベトナムと中国の 5つの領域国家が成立しました。村々の間に国境が突然に引かれ、山地の人々はいずれかの国家の一員になることを求められました。その結果、ひとつの国家が、主要な民族集団、つまり、ミャンマーのビルマ人、タイ国のタイ人、ラオスのラオ人、ベトナムのキン人、中国の漢族と、「その他」の民族集団によって構成されるようになりました。そして、山地や盆地に住む人々は、少数民族として、政治的経済的に国家の周縁に位置づけられるようになっていきました。国境付近では、自分の村と隣村とで、あるいは親族の間で、通貨や国語が異なり、時差があるような事態が生じています。

とはいうものの、島国の日本とは違って、国と国とは地続きです。国家は、陸上交通や河川交通の要所に、通行者のパスポートや輸出入品を検査するゲイトを設置していますが、国境線を完全に管理できるわけではありません。山地の人々の立場からすれば、国境の向こうには、自分と同じ言葉を話し、共通の習慣や文化をもつ親族や友人、知人がいます。人々はそのつてをたどりながら、国境を越えて、働きに出たり、商売をしたり、結婚相手をみつけたりしています。ものや情報のやりとり、人と人との関係を国家の力で閉ざすことはできません。

このような東南アジア大陸部の特徴を指摘した研究が、言語学者の新谷忠彦らによる『黄金の四角地帯—シャン文化圏の歴史・言語・民族』(1998年)や、歴史学者のクリスチャン・ダニエルスらによる『国境なき山地民—タイ文化圏の生態誌』(2007年)です。本書では、これらの視角を引き継ぎつつ、読者のみなさんに東南アジア大陸部を山地からみていただきたいと考え、ひとつめのテーマとして山地を設定しました。

●雑穀と焼畑

つぎに、山地に住む人々の生業を、狩猟採集と農業の両面から理解する手がかりとなるのが、ふたつめのテーマの雑穀です。

まず、雑穀を栽培する空間としての焼畑に目を向けると、作物や家畜だけでなく、

国境のゲイト(ミャンマー、シャン州)。ミャンマーと中国の国境公式のゲイト。中国からの観光客がミャンマーを訪れる。

地続きの国(ミャンマー、シャン州)。農村を流れる小さな川。川のほとりまでがミャンマー領で、その向こうのサトウキビ畑は中国領である。

チン人の家（ミャンマー、チン州）。人々は山地で焼畑を行い、その畑で陸稲やシコクビエ、ハトムギを栽培してきた。

野生の動物や植物をも使いこなす人々の活動が見えてきます。

焼畑の考え方の基本は、一定の土地に対して、その使用方法を作物の栽培に固定しないことにあります。ここが、水田農業や畑作農業と決定的に違うところ、生産性や集約性などの近代農業の基準をそのままあてはめられないところです。

そして、植生の遷移を活用し、森林と畑を時間的に交代させるという手法をとることによって、狩猟採集と農業を両立することができます。狩猟採集というと石器時代の生活かと思われるかもしれませんが、日本の焼畑や里山では野生の動物や植物が幅広く利用されてきましたし、今でもタケノコやキノコを採りに山に行く人がいます。生業における重要度や意味はちがっても、野生の動物や植物を利用するいとなみは、現在もなお続いているのです。

つぎに、農業の中での雑穀に着目すると、作物の多様性や、作物とともにある暮らしがうかびあがってきます。木村茂光編『雑穀—畑作農耕論の地平』（2003年）によれば、日本ではイネや米を中心とする価値観が強く、「水田中心史観」に立脚した農耕文化や歴史、民俗に関する研究がおこなわれてきました。これに対して、歴史学者の網野善彦の問題提起を手始めに、雑穀や畑作に関する文献や資料があらためて検討された結果、畑作を基盤とした村落の存在や、雑穀にかかわる在来の栽培技術、山村の位置づけ、雑穀の食料としての重要性などが明らかになっていきました。つまり、日本列島では、各地の自然環境に応じて農業の方法や作物が選択されていて、水稲だけでなく、アワ、キビ、シコクビエ、ヒエ、モロコシ、ハトムギ、陸稲がそれぞれに栽培され、利用されてきたのです。

近年、東南アジア大陸部山地の農業では、陸稲や商品作物の重要度が増しています。そのような現状の中、マイナークロップや地元の品種が、主役としてではないにしろ、生活の中になんらかの役割を維持していることに注目する必要があります。日本では、在来の作物が年々減少することに危機感を抱いた農家が、自主的に種つぎをはじめています。また、食の安全を追求する人々が、新しい農業のあり方を模索しています。多種多様な作物をつくり、自らの生活を支える山地の人々の生業活動は基本的で、かつ最先端の実践なのかもしれません。

東南アジア大陸部には、もちろん、山地だけでなく、盆地や平原もあります。本書では、盆地や平原に住む人々の暮らしに関しては、水田稲作やモチ性穀類、上座仏教などをとりあげて記述しました。全体を通して、山地、盆地、平原を相互に比較しながら、また、日本人の生活をあらためて見つめながら、本書を読んでいたきたけることを願っています。巻末の参考文献リストには、さらに学びを広げるための本をのせておきました。

最後に、現地調査にご協力いただいた東南アジア大陸部のすべての方々に、心より感謝いたします。本書の編集にあたっては、眞島建吉さんと渡邊航さんにご尽力をいただきました。

3巻さくいん

［監修者］
クリスチャン・ダニエルス（Christian Daniels）
東京外国語大学アジア・アフリカ言語文化研究所教授

1953年、フィジー生まれ。オーストラリア人。東京大学大学院人文科学研究科博士課程修了。博士（文学）。専門は中国西南部と東南アジア大陸部北部の歴史。おもな著者・編書に、『雲南物質文化－生活技術巻』（雲南教育出版社、2000）、『四川の伝統文化と生活技術』（慶友社、2003）『貴州苗族林業契約文書匯編（一七三六～一九五〇年）』（全3巻、東京大学出版会、2005、『中国雲南耿馬傣文古籍編目』（雲南民族出版社、2005）『中国雲南少数民族生態関連碑文集』（総合地球環境学研究所、2008）『論集モンスーンアジアの生態史　第2巻　地域の生態史』（弘文堂、2008）など。

［著者］
落合　雪野（おちあい・ゆきの）
鹿児島大学総合研究博物館准教授

1967年、静岡県生まれ。専門は民族植物学、東南アジア地域研究。
京都大学大学院農学研究科農林生物学専攻博士後期課程修了。博士（農学）。
東南アジアや東アジアでフィールドワークをおこない、人と植物の関係や植物利用の文化について追究している。おもな研究対象に雑穀、ジュズダマ属植物、染料植物のアオバナなどがある。研究の成果を社会に開くための実践として、「トラベリング・ミュージアム」や「ジュズダマ研究スタジオ」などの展覧会活動をラオス、大阪、台湾、インドネシアで展開している。おもな著書・編書に『ラオス農山村地域研究』（めこん、2008）と『アオバナと青花紙―近江特産の植物をめぐって』（サンライズ出版、1998）、訳書にピーター・バーンハルト著『植物との共生』（晶文社、1995）がある。

企画・編集――眞島建吉（葫蘆舎）／渡邉　航（小峰書店）
ブックデザイン――佐藤篤司
協力――大村次郷
図版――有限会社ジェイ・マップ（白砂昭義）

［写真協力（敬称略、順不同）］落合雪野／大村次郷／横山智／タイ国政府観光庁

［参考文献］『事典東南アジア―風土・生態・環境』（弘文堂）／『新版東南アジアを知る事典』（平凡社）／『世界有用植物事典』（平凡社）／Mabberey's Plant Book, Cambridge Plant Resources of South-East Asia, PROSEA Foundation／石井米雄・桜井由躬雄『東南アジア史1大陸部』（山川出版社）／石井米雄・桜井由躬雄『東南アジア世界の形成』（講談社）／高谷好一『東南アジアの自然　講座東南アジア学』（弘文堂）／新谷忠彦『黄金の四角地帯―シャン文化圏の歴史・言語・民族』（慶友社）／『論集モンスーンアジアの生態史全3巻』（弘文堂）／『アジア遊学9少数民族の謎の歴史』（勉誠出版）／『自然と文化そしてことば3国境なき山地民―タイ文化圏の生態誌』／伊東利勝『ミャンマー概説』（めこん）／田村克己・根本敬『ビルマ―暮らしがわかるアジア読本』（河出書房新社）／綾部恒雄・石井米雄『もっと知りたいミャンマー』（弘文堂）／リーチ『高地ビルマの政治体系』（弘文堂）／高谷紀夫『ビルマの民族表象―文化人類学の視座から』（法蔵館）／Jacobs, The Nagas: Hill Peoples of Northeast India, Thames & Hudson／Fraser, Mantles of Merit: Chin Textiles from Myanmar, India and Bangladesh, River Books／ラオス文化研究所『ラオス概説』（めこん）／横山智・落合雪野『ラオス農山村地域研究』（めこん）／綾部恒雄・石井米雄『もっと知りたいラオス』（弘文堂）／菊池陽子・阿部健一・鈴木玲子『ラオスを知るための60章』（明石書店）／Wild life trade in Laos, IUCN／Non Timber Forest Product of Laos, National University of Laos, NAFRI, SNV／綾部恒雄・石井米雄『もっと知りたいタイ』（弘文堂）／綾部恒雄・林行夫『タイを知るための60章』（明石書店）／日本タイ学会『タイ事典』（めこん）／赤木攻『タイ検定』（めこん）／梶原俊夫『イサーンの旅』（めこん）／速水洋子『差異とつながりの民族誌北タイ山地カレン社会の民族とジェンダー』（世界思想社）／Anderson, Plants and People of the Golden Triangle: Ethnobotany of the Hill Tribes of Northern Thailand, Timber Press／A Field Guide of Forest Trees of Northern Thailand, Kobfai Publishing Project／今井昭夫・岩井美佐紀『現代ベトナムを知るための60章』明石書店／小高泰『ベトナム検定』（めこん）／伊藤正子『民族という政治―ベトナム民族分類の歴史と現在』（三元社）／山田均・石毛直道『世界の食文化タイ』（農山漁村文化協会）／石毛直道・森枝卓士『世界の食文化　ベトナム・カンボジア・ラオス・ミャンマー』（農山漁村文化協会）／森枝卓士『食べもの記』（福音館書店）／阪本寧男『雑穀のきた道』（日本放送出版協会）／阪本寧男『モチの文化誌』（中公新書）／野本寛一『焼畑民俗文化論』（白水社）

アジアの自然と文化③
雑穀からみる東南アジア
自然を使いこなすくふう［タイ・ラオス・ミャンマーなど］

NDC290　51P　29×22cm
ISBN978-4-338-27303-9
2012年4月5日　第1刷発行

監修者――クリスチャン・ダニエルス
著者――落合雪野
発行者――小峰紀雄
発行所――株式会社 小峰書店　〒162-0066 東京都新宿区市谷台町4-15
電話――03-3357-3521　FAX　03-3357-1027
HP　http://www.komineshoten.co.jp/
印刷――株式会社 三秀舎　製本――小髙製本工業株式会社

カトマンズ
ネパール
ティンプー
ブータン
インド
バングラデシュ
ダッカ
コルカタ
カチン州
ザガイン管区
チン州
マンダレー
シャン州
ミャンマー
マンダレー管区
マグウェー管区
ラカイン州
ネピドー
カヤー州
メーホンソーン県
チェンマイ県
チェンマイ
ラムプーン県
バゴー管区
ヤンゴン管区
ヤンゴン
エーヤーワディー管区
カレン州
ターク県
モン州
ベンガル湾《わん》
アンダマン諸島《しょとう》
（インド）
タニンダーイー管区
チュムポーン県
ラノーン県
スラートターニー県
パンガー県
㉑バンコク都
（クルンテープ・ハマーナコーン）
㉒サムットプラーカーン県
㉓サムットサーコーン県
㉔サムットソンクラーム県
㉕ノンタブリー県
㉖パトゥムターニー県
㉗ナコーンパトム県
㉘アユッタヤー県
㉙アーントーン県
㉚スパンブリー県
㉛チャイナート県
㉜シンブリー県
㉝ナコーンナーヨック県
タイ南部
スラートターニー県
パンガー県
ナコーンシータムマラート県
プーケット県
クラビー県
トラン県
パッタルン県
ソンクラー県
サトゥーン県
パッターニー県
ヤラー県
ナラーティワート県
マレーシア